Iulian APOSTU, Cristina – Andreea IACOB,
Maria – Adriana IORDACHE

I0101879

STABILITATE ŞI CONFLICT
în
CUPLUL CONTEMPORAN

2017
LUMEN

STABILITATE ŞI CONFLICT ÎN CUPLUL CONTEMPORAN

Iulian APOSTU, Cristina – Andreea IACOB, Maria – Adriana IORDACHE

Copyright Editura Lumen, 2017
Iaşi, Ţepeş Vodă, nr.2

Editura Lumen este acreditată CNCS

edituralumen@gmail.com
prlumen@gmail.com

www.edituralumen.ro
www.librariavirtuala.com

Redactor: Roxana Demetra STRATULAT
Design copertă: Roxana Demetra STRATULAT

Descrierea CIP a Bibliotecii Naţionale a României
APOSTU, IULIAN
   Stabilitate şi conflict în cuplul contemporan / Iulian Apostu, Cristina-Andreea Iacob, Maria-Adriana Iordache. - Iaşi : Lumen, 2017
   ISBN 978-973-166-464-4

I. Iacob, Cristina-Andreea
II. Iordache, Maria-Adriana

159.9
316

Iulian APOSTU, Cristina – Andreea IACOB,
Maria – Adriana IORDACHE

Stabilitate şi conflict în cuplul contemporan

2017
LUMEN

Cuprins

Introducere

Provocările sociale ale contemporaneității tind să influențeze toate subsistemele și poate, în primul rând pe cel familial. Astfel, de la spațiul tradițional și până la tendințele post-modernității, familia a cunoscut o diversitate de modalități de a fi. Tendințele individualismului conjugal afectează din ce în ce mai mult solidaritatea cuplului marital, modalitatea prin care individul reușește să-l încorporeze pe celălalt în sine. În acest sens, cartea își propune să investigheze în detaliu cauzele care au contribuit la transformarea cuplului conjugal pentru ne putea forma o opinie cât mai clară asupra tendințelor și provocărilor noi cu privire la conjugalitate. Importanța acestui studiu derivă din faptul că prin identificarea diferențelor de mentalitate de la un sistem conjugal la altul cu privire la instituția căsătoriei și la modul de îndeplinire a funcțiilor în cuplul marital, se pot evidenția mai bine orientările diferite ale tinerilor în ceea ce privește asumarea și îndeplinirea funcțiilor, dar și modalitatea în care o potențială coabitare cu familiile de origine pot fi sau nu funcționale. În condițiile în care, cea mai mare parte a conflictelor conjugale au la bază probleme de ordin cultural, analiza acestor diferențe culturale devine cu atât mai importantă cu cât obiectivul principal al cercetării îl constituie identificarea schimbărilor produse în cuplul marital contemporan ca urmare a tendințelor tot mai evidente spre egalitatea de rol conjugal, precum și a influențelor tot mai mici ale familiilor de origine în alegerea partenerului și în impunerea modului de viață.

Totodată, modificările Codului Civil, începând cu anul 2013 în ceea ce privește regimurile patrimoniale tind să ofere o imagine postmodernă a familiei românești. În acest sens, analiza opiniilor sociale cu privire la conjugalitate crează un plus de relevanță în ceea ce privește modernitatea familiei românești în raport cu anumite repere legislative (ex: regimul separației de bunuri, legalizarea logodnei etc).

În societățile tradiționale, căsătoria reprezenta un act de natură politică și economică. Hotărârile în acest domeniu erau luate de rude și de grupurile familiale, care controlau astfel direct procesul lor de reproducere. În societățile industriale dezvoltate, alegerea soțului și formarea cuplului au devenit o problemă de ordin particular, ceea ce nu le împiedică să rămână o verigă majoră a dezvoltării societății. Transformările mediului social au determinat schimbări în structura cuplului marital contemporan, implicând consecințe importante atât pentru individ, cât și pentru societate. Căsătoria a încetat să mai fie condiția unei experiențe sexuale obișnuite cu celălalt sex; ea nu mai reprezintă nici baza activității economice. Se pare că vor înflori în continuare noi forme distincte de relații sociale și sexuale. Cu toate acestea, căsătoria și familia rămân instituții ferm stabilite, deși sunt supuse unor tensiuni și constrângeri majore.

Creșterea nivelului de independență a fiecărui partener conjugal, centrarea către sine mai mult decât către partener sau către viața de cuplu devin elemente ce conturează mentalitatea modernă. Așadar, tendințele tot mai evidente spre egalitatea de rol conjugal, influențele tot mai mici ale familiilor de origine în alegerea partenerului, în impunerea modului de viață etc. au dus la crearea unor noi tipologii maritale în care confortul intim al cuplului a devenit mai important decât prevederile rigide ale căsătoriei tradiționale. Cu toate acestea, pentru majoritatea indivizilor din țările europene, căsătoria este în continuare valorizată, reprezentând o instituție socială importantă.

Provocările contemporane resimțite în tot sistemul social tind să producă modificări funcționale și în cadrul cuplului marital. Astfel, dacă în spațiul tradițional cea mai mare parte a căsătoriilor se fundamentau din diverse interese, în modernitate tinerii își construiesc propriile reguli, visuri și idealuri ce le garantează solidaritatea conjugală și securitatea emoțională. În acest fel, lucrarea își propune să facă o evaluare funcțională a relațiilor conjugale actuale pentru a evidenția care sunt aceste schimbări care definesc sub aspect structural familia contemporană.

Totodată, reacția cuplurilor la conflict apare din ce în ce mai mult orientată către individualism conjugal. Contraintuitiv, poate, dacă structura socială arată o mentalitate generală orientată în jurul modernității conjugale, atunci când apare conflictul, tendința multor parteneri este orientată spre zona securizării personale și mai puțin spre zona dialogului, a negocierii resurselor care au generat conflicte. Acestă tendință prevestește orientarea tinerilor către reperele postmodernității care încă mai primește opoziția unor imperative clasice, specifice tradiționalismului conjugal târziu. În acest context, strategia medierii apare mai degrabă din a-l stimulape celălalt să accepte poziția primului decât din a găsi resursele comune pentru un sistem valoric echitabil amândurora, unul care să garanteze solidaritatea și fericirea comună. Mai nou, o nouă orientare în a rezolva și mai repede tensiunea generată de conflict este însăși separarea temporară. Partenerii hotărăsc să se despartă pentru o perioadă relativ scurtă pentru a se echilibra emoțional și apoi să își reia relația, problema fiind considerată a fi depășită. Or, toate aceste fluctuații de a înțelege funcționalitatea conjugală, disfuncțiile, starea de conflictualitate, medierea etc. sunt expresia unei inconsistențe valorice în ceea ce înseamnă conjugalitatea, formele de fuziune romantică, solidaritatea etc.

Lucrarea își propune să evidențieze toate aceste aspecte, atât printr-o abordare teoretică dar și printr-o abordare practică, una care să aibă la bază cercetări sociologice actuale.

Capitolul I.
Familia tradițională – familia modernă –
de la comunitar la nuclear.
Forme de manifestare și consecințe sociale

Permanentele modificări pe care le suportă societatea sub toate aspectele ei, fie expresie depărtării tot mai mari de tradiționalism, a creșterii toleranței sociale, fie datorate impactului modernității sau influențelor occidentale, care presupun o continuă adaptare la nou, marchează și o stabilitate socială fragilă de tip generalizat, simțită sub forma unei tensiuni mai mici sau mai mari a fiecărei categorii instituționale.

De multe ori, adaptarea la modernitate se face atipic, patternuri clasice dar și moderne par să construiască un spațiu conjugal de tranziție în cadrul aceluiași cuplu. Oscilând între menaj și familie, între „legalizat" sau doar „socializat", cuplul actual asimilează experiența „noului" într-un moment socio-istoric în care, atât tradiționalitatea cât și modernitatea își fac reciproc concurență în același spațiu social. Cu răspunsuri moderne dar cu manifestări tradiționale multe cupluri actuale arată un sincretism valoric care plasează relația conjugală la intersecția dintre tradiționalitate și modernitate.

1.1. Evoluția familiei de la tradițional la modern – evoluție socială și consecințe funcționale

Sub aspect microsocial, familia cunoaște și ea o gamă destul de variată de frământări care au condus la apariția unor noi tipuri de convieţuire maritală, făcând tot mai necesară reevaluarea funcţiilor tradiţionale. Deşi, sub aspect teoretic, funcţiile pot fi uşor identificate şi definite, dificultăţile de conceptualizare devin evidente datorită ritmului rapid de schimbare socială şi a existenţei în paralel a diferite tipuri de mentalităţi: tradiţională, modernă şi postmodernă. Am putea justifica această aparentă contradicţie prin aceea că evoluţia de la tradiţionalism la modernitate, de la modernitate la postmodernitate se face treptat şi diferenţiat, la nivel comunitar sau individual în funcţie de capacitatea de adaptare sau de rezistenţă la nou a indivizilor sau datorită forţei cu care normele culturale influenţează deciziile, atitudinile, modul de manifestare, deci, viaţa în ansamblul ei.

Pe un astfel de fond, abordarea familiei româneşti ca formă generală de manifestare, nu permite o aprofundare a particularităţilor ei de exprimare, tocmai datorită diversităţii formelor existente.

În consecinţă, vom face o abordare a familiei româneşti pornind de la cadrul ei clasic – spaţiul tradiţional.

1.2. Familia tradiţională – imperative canonice şi funcţionale

Pentru a putea înţelege schimbările care au avut loc de-a lungul timpului în familia românească şi pentru a putea urmări evoluţia lor este necesar să facem o prezentare a familiei începând cu tradiţionalismul iar pentru a vorbi de aceasta, trebuie sa vedem familia tradiţională în cadrul ei specific – satul românesc. În imaginea sa tradiţională, satul a fost reprezentat de tipul de societate închisă, statică, şi cu prea puţine relaţii cu exteriorul. Relaţiile cu natura şi cu succesiunea de generaţii erau coordonate de forme tradiţionale de practică şi de coduri etice de inspiraţie religioasă care voalau nevoile de manifestare individuală.

Astfel, omul comunitar avea la baza manifestărilor sale conştiinţa religioasă, sentimente modelate de tradiţie şi obiceiuri, punând un accent deosebit pe comunitatea familiei extinse şi normele sale generale la care consfinţeau împreună. Alături de acest cadru esenţial, intim, un rol foarte important îl avea legătura de sânge, cea spaţială sau legătura spirituală, care mărea acest grup familial. Acest cadru, care lărgeşte sfera de manifestare dincolo de familie la rude, prieteni sau vecini, a făcut ca personalitatea individuală să fie absorbită în personalitatea colectivă, indivizii depinzând în mare măsură atât de familie cât şi de societate (Mitrofan, Ciupercă,1998, p.29).

Activitatea principală a satului era agricultura, pământul constituind baza economică a familiei, toţi membrii ei concentrându-şi forţa şi atenţia către exploatarea agricolă care-i garanta veniturile (Ciupercă, 2000, p.97). Tot ce se producea se consuma în familie, puţine produse fiind utilizate pentru schimb. Aşadar, gospodăria, ca unitate de lucru, constituie nucleul satului.

La baza fiecărei familii stătea bărbatul care-i domina pe toţi ceilalţi membri. Acest lucru a făcut ca în familia tradiţională, valoarea focală a stilului de viaţă să o constituie autoritatea, care era susţinută de valori ca: ierarhie, conformism sau represiune. Acest stil de viaţă consacra autoritatea părinţilor asupra copiilor, a vârstnicilor asupra celor tineri, a bărbaţilor asupra femeilor, a fraţilor mai mari asupra celor mai mici etc. (Mitrofan, 1999, p.173).

Caracterizată prin conservatorism şi stagnare, caracteristicile de bază ale acestui tip de familie se rezumă la trei:

- autoritatea patriarhului;
- dependenţa completă a copiilor de comunitatea familiei;

- instrucţia este familială, nu personală (Mitrofan şi Ciupercă, 1998, p.34).

Valoarea superioară a familiei şi comunităţii favorizau orientările conservatoare şi respingea schimbarea. Relaţiile maritale erau ele însele încadrate în tiparele tradiţiei care prevedea autoritatea soţului asupra soţiei. Ea era supusă, caracterizată ca fiind fără personalitate puternică, aproape că nici nu avea pretenţie, în schimb avea drepturi şi obligaţii.

Pe de altă parte, bărbatul avea rolul dominant în familie, acest rol decurgând din faptul că el era cel care aducea veniturile (Ciupercă, 2000, p.64). El avea datoria de a asigura buna desfăşurare a întregului mecanism economic şi social al familiei şi, deşi acest set de roluri ar reprezenta în sine o resursă de autoritate, totuşi, imaginea consistenţei valorice a acestor roluri era umbrită de statusul masculin în jurul căruia erau aşezate toate calităţile care-i legitimau prioritatea în grupul domestic.

Raporturile dintre soţ şi soţie se întemeiau foarte puţin pe dragoste, însă, în mod deosebit pe respect. Căsătoria lor se încheia pe considerente de ordin social şi material, iar alegerea partenerului de viaţă era făcută exclusiv de părinţi, care aveau grijă ca viitorul partener să corespundă posibilităţii de a spori averea şi de a asigura supravieţuirea liniei familiei. Aşadar, nu sentimentele de afecţiune şi liberă alegere a viitorilor soţi stăteau la baza unei căsătorii, ci interesele celor două familii. Mai mult, relaţiile afectiv-sexuale erau dominate de influenţa Bisericii şi a scrierilor teologice. Acestea restricţionau relaţiile sexuale în anumite perioade, frecvenţa lor etc. Biserica interzicea căsătoria făcută în scop de plăcere sexuală, activitatea sexuală fiind justificată doar pentru procreere. Din această cauză, în imaginea tradiţională, căsătoria era considerată sfântă.

Şi nu doar religia veghea la orientarea teologică a contractării mariajelor ci toate resursele culturale, de multe ori, independente de imperativul teologic. Astfel, însăși procesul de selecție al partenerilor conjugali reprezenta o formă discretă de evitare a „sentimentului amoros". Independent de voința tinerilor, tranzacțiile materiale realizate cu prioritate de familii înaintea contractării mariajului arată optica și importanța fuziunii juridice dintre două familii și copiii acestora și mai puțin fuziunea emoțională dintre tinerii care urmau să se căsătorească. Dintr-o altă perspectivă, dacă Biserica interzicea sexualitatea de plăcere, comunitatea tindea să îi ofere cadrul „moralei sexuale" prin tocmai neglijarea sentimentelor tinerilor prin decizia maritală imperativă și independentă a familiilor de origine. Mai mult, supraaglomerarea spațiilor de locuit din locuințele tradiționale, voalau încă o dată accesul tinerilor la propria intimitate.

„Nunta tinerilor avea o valoare foarte mare, fiind considerată o trecere de la profan la sacru, care dă putință omului să creeze el însuși. La acest dar, fata și feciorul puteau să ajungă în timpul nunții prin actele de consacrare. Fără ceremonialul nunții, procreerea, deci deschiderea unui nou ciclu vital, s-ar fi redus la o împerechere obișnuită comună tuturor viețuitoarelor…De asemenea, remarcă etnologul Ion Ghinoiu, nunta tradițională solicita timp și o pregătire psihică adecvată, așa cum spune strigătura: Când e vremea de însurat / Nu ai vreme de lucrat / Că mergând ca să lucrezi / Din inimă mereu oftezi" (Ghinoiu, 1999, p. 137). Pregătirea pentru nuntă, alinierea la pretențiile instanței sociale sociale a satului, dinamica situațiilor generate de decizia căsătoriei, de tot ritualul care marca tranzacțiile familiilor pentru mariaj, statusul social al familiilor, adaptarea la noua calitate maritală, suma nouă de roluri conjugale precum și puterea spirituală oferită de Biserică, erau surse permanente de grijă în organizarea unei nunți. Însăși „învoirea" de la muncă atestă valoarea superioară a căsătoriei.

Pe de altă parte, mentalitatea contraintuitivă care arată că validarea socială a mariajului nu era făcută de comunitatea religioasă ci de cea laică arată, nu un tip de imperative aflate în relaţie ci seturi de imperative distincte care veghează şi impun de pe poziţii diferite, acelaşi tip de conformism cultural comunitar.

Într-o societate în care funcţia economică reprezenta prioritatea familiei, în care calitatea de a munci exprima măsura socializării de succes, scutirea de a lucra pentru a se ocupa de organizarea nunţii arată încă o dată importanţa acordată mariajului şi promovează separat importanţa laică a procesului cultural care autentifică mariajul în faţa marii instanţe sociale – satul.

Conform credinţei populare, omul vine din preexistenţă prin naştere şi pleacă din existenţă prin moarte. Între cele două hotare apare un al treilea: căsătoria. De aceea, urcuşul pe scara evoluţiei era foarte important. Tinerii vor trece prin diferite stadii: de la băiat şi codană, la cel de flăcău şi fată de măritat. Ajunşi la stadiul de feciori sau fete de măritat, ei căpătau anumite drepturi: puteau merge la horă, bărbaţii îşi puteau lăsa barbă, puteau colinda fete, fetele aveau voie să danseze etc. Una din condiţiile tinerilor la căsătorie era virginitatea. (Ciupercă, 2000, p. 68) Cei doi parteneri participau activ la garantarea respectării acestor coduri. Mai mult decât la bărbaţi, lipsa virginităţii fetelor era aspru contestată. Fetele active pe plan sexual erau dispreţuite de celelalte ca şi de bărbaţii care profitau de ele. Reputaţia fetelor se baza pe capacitatea de a rezista avansurilor sexuale (Giddens, 1992, p. 14). Aşadar, atunci când părinţii considerau că au găsit persoana potrivită tinerii făceau o „nuntă mare aşa cum se apuca prin bătrâni" (Ghinoiu, 1999). Toleranţa scăzută pentru sexualitatea antemaritală nu a fost doar o situaţie întâlnită în spaţiu românesc. „Ruşinea" unei sarcini înainte de căsătorie cerea o reacţie imediată care să „repare" această problemă în cam tot spaţiul european. Cu toate că, statistic, naşterile în afara căsătoriei erau relativ rare, raporturile intime dintre bărbaţi şi femei nu erau deloc reduse la spaţiul matrimonial. Analiza demografică generală în Europa indică faptul că o parte semnificativă a căsătoriilor aveau loc din cauza sarcinilor, deja vizibile (Livi Bacci, 2003, p. 118). Pentru ţara noastră, gradul de toleranţă pentru fetele necăsătorite şi însărcinate era destul de redus. În majoritatea cazurilor, căsătoria dădea dreptul la sexualitate pentru tineri iar unicul scop era procreerea.

Datele etnografice arată că vârsta fetelor care se căsătoreau era între 15-20 de ani, cu precădere la 18 ani, iar la băieţi 18-25 de ani. Şi dacă fetele se mai măritau sub 15 ani, băieţii nu se căsătoreau sub 18 ani decât în cazuri excepţionale (boala ameninţătoare a unuia din părinţi). Ei trebuiau să aibă armata făcută, rare fiind cazurile când căsătoria era făcută mai devreme. De la 13-14 ani, părinţii fetei începeau căutările pentru a găsi un soţ potrivit, ceea ce excludea încă de la început problema iubirii. Astfel, mariajul tradiţional nu era altceva decât un acord de convieţuire întemeiat pe condiţii economice familiale şi pe funcţionalitatea partenerilor, a femeii cu deosebire, tranzacţii realizate independent de voinţa tinerilor. Din această cauză, viaţa sexuală trebuia să-şi găsească echilibrul în interiorul unor norme sociale riguroase, care protejau familia tradiţională de violenţa sentimentelor şi a pasiunilor în afara cadrului stabilit. În acelaşi timp, absenţa dragostei constrângea cuplul la o minimă funcţionalitate, fapt cu implicaţii profunde asupra satisfacţiei vieţii de familie (Ciupercă, 2000, p. 70).

O dată cu intrarea în horă (15 – 16 ani pentru fete şi 18 – 19 ani pentru băieţi) copilăria lua sfârşit. Perioada marchează momentul socializării anticipate pentru rolul de adult. În această acţiune, familia de origine desăvârşea educaţia domestică, oferind noi roluri tinerilor, încurajând sarcinile de rol în funcţie de gen (Stănciulescu, 2002, p. 120).

Înţelegem din acestea că standardele vieţii sociale nu ţinteau valori prea înalte la nivel general. Asimilarea statusurilor şi rolurilor casnice pentru femei, socializarea diferenţiată a rolurilor în muncă pentru asigurarea resurselor familiei reprezentau stadiile optime pentru tinerii „buni de căsătorit". Asumarea sarcinilor vieţii de familie, şcoala muncii, capacitatea biologică de reproducere erau condiţiile la care trebuiau aliniaţi tinerii pentru contractarea unei căsătorii. Din perspectiva părinţilor, asigurarea zestrei, a pământului, tranzacţiile materiale în găsirea celui mai avantajos partener reprezentau îndatoririle familiei faţă de descendenţi şi regulile stricte ale societăţii tradiţionale. Tranzacţiile maritale nu urmăreau doar căsătoria acreditată de familii ci şi o strategie de redefinire economică şi de maximizare a profitului.

Un alt element esenţial pentru ca o căsătorie să se poată încheia era zestrea. „Motivaţia economică, concentrată în jurul zestrei, a pământului, în special, a antrenat şi menţinut multe conflicte, alterând relaţia conjugală dintre cei doi parteneri. Nu de puţine ori căsătoria se încheia în ciuda voinţei partenerilor, ajungându-se până la situaţia absurdă ca aceştia să se cunoască abia cu prilejul căsătoriei (puterea părinţilor şi socrilor asupra tinerilor căsătoriţi izvora din stăpânirea averii). Ei porunceau căsătoriile, divorţurile şi naşterile. Fără voia lor, tinerii căsătoriţi nu aveau voie să procreeze. Hora, şezătorile, claca deveneau astfel, circumstanţe oficiale la care părinţii participau pentru alegeri şi cereri în căsătorie" (Voinea, 1993, p. 27-28).

În relaţiile cu copiii, ierarhia era, de asemenea, clară, fiecare ştiind ce avea de făcut şi de cine trebuie să asculte. Copiii recunoşteau autoritatea tatălui şi, în lipsa acestuia, pe cea a mamei. Gradul ei de implicare era foarte mic, în condiţiile în care nu îmbrăţişase încă o carieră profesională şi nu avea alte atribuții decât cele din gospodărie. Receptivitatea față de nevoile și stările emoționale ale copilului era mică, iar ceea ce crea impresia unei armonii deriva doar din norme, obiceiuri, tradiții și cutume care cereau o familie coezivă, unitară, cu accente pe funcționalitate și instrumente și mai puțin pe emoționalitate și expresivitate. Tatăl, însă, avea obligația de a deschide porțile copilăriei spre lumea exterioară, stimulând copilul să devină el însuși, dându-i o libertate relativă, condiționată de familie, comunitate și tradiție (Mitrofan și Ciupercă, 1998, p. 187).

Cu toate acestea, toate observațiile empirice arată că, în structura internă a sarcinilor de familie, mama era agentul principal de îngrijire și educație a copiilor, lucru recunoscut și de soții lor: „muierea are mai multă grije de copii. De când sunt mici, ea trebuie să le poarte de grije. El, dacă se duce din casă, de unde să știe ce trebuie la copii?" (Stănciulescu, 2002, p. 121).

Tradiționalitatea, în complexitatea ei, s-a impus deci, ca o forță imperativă care a dat prescripții clare în toate domeniile vieții sociale. În acest sens, Dumitru Sandu definește tradiționalitatea ca o probabilitate de orientare a comportamentelor și alegerilor în funcție de instanțele "naturale" ale vieții sociale (comunitate, biserică și familie) și nu de considerente de eficiență sau de conformare la cerințele unei instanțe care își bazează puterea pe o altă sursă decât tradiția. Ca atare, nota definitorie a tradiționalității este considerarea tradiției drept fundamentul ordinii sociale, caracterul normativ al tradiției reprezentând forța care asigură perpetuarea societății de-a lungul timpului (Mitrofan și Ciupercă, 1998, p. 184). Tradiționalitatea a fost puternic susținută de trei factori:

- vechimea localității: cu cât un sat este mai vechi, cu atât valorile sale sunt mai structurate și mai puternice și astfel, devin mai rezistente la modernitate;

- poziţia satului: izolarea uşurează conservarea tradiţiei; cu cât este mai departe de mediile urbane, cu atât accesul modernităţii este mai mic.
- factorul uman: rolul jucat de vechea intelectualitate a satului este esenţială. Cu cât intelectualitatea aparţine unor generaţii îndepărtate, cu atât rezistenţa la modernitate este mai mare (Ciupercă, 2000, p. 278).

Familia tradiţională a rezistat mult pentru că solidaritatea şi coeziunea grupului erau foarte mari, traiul laolaltă nepermiţând accente individualiste, diferenţiate de opinia majorităţii. Obştea avea drepturi şi puteri nelimitate asupra membrilor săi; ele erau determinate de un interes economic şi anume, acela de a nu folosi abuziv pământul. Amestecul obştii se făcea chiar şi în viaţa intimă a membrilor săi. Ea judeca pricinile ivite între familii sau în sânul ei (Voinea, 1978, p. 65). Aşadar, „comunităţii de tip tradiţional îi corespunde tipul de solidaritate „mecanică", concept ce desemnează faptul că personalitatea individuală este absorbită în personalitatea colectivă, indivizii depinzând în mare măsură de familie şi, implicit, de comunitate" (Mitrofan, Ciupercă, 1998, p. 29). De asemenea, valorile tradiţionale, deşi încadrează familia în limite relativ rigide, au asigurat buna funcţionare a acestor instituţii. Astfel, pe plan economic, familia se ocupa cu agricultura, fiind o unitate productivă autosuficientă. Venitul asigura bunul trai şi aproape tot ce se producea, se consuma în familie.

În ceea ce priveşte funcţia de socializare, formarea generală propriu-zisă şi educaţia copiilor se făcea prin transmiterea obiceiurilor ancestrale pentru a deveni şi ei producători, cultivatori ai pământului. În acest sens Simion Mehedinţi vorbea de o „şcoală a muncii", subliniind că însuşi „caracterul oamenilor era verificat în ultimă instanţă tot prin muncă" (Mehedinţi, 1986, p. 49). Educaţia se făcea prin transmiterea unor principii, norme şi reguli morale şi

21

religioase, necesare integrării lor optime în viaţa familială şi cea socială. „Orice prunc, odată cu obiceiurile familiei şi cu graiul, dobândeşte o întreagă avere sufletească, un calapod de cugetare şi de simţire, moştenit de la strămoşi. Iar adevărul acesta bate şi mai mult la ochi dacă luăm seama în ce fel copiii repetă în oarecare măsură fazele mai vechi ale grupării etnice din care fac parte. Un om de pripas, ieşit din cine ştie ce promiscuitate orăşenească, lipsită de originalitate, nici nu bănuieşte ce se ascunde în jocurile şi vorbele copiilor. Omul de intuiţie, înarmat cu rezultatele etnografiei şi etnologiei, cunoaşte însemnătatea unor astfel de manifestări mărunte şi-şi dă seama că educarea tineretului unui popor nu poate să înceapă decât de la copilul-concret, aşa cum ni-l prezintă mediul său etnic încărcat în bine sau în rău cu toată moştenirea lăsată de străbuni" (Mehedinţi, 1986, p. 198).

Raporturile cu şcoala reprezentau, mai ales în mediul rural, mecanismul diferenţierii de gen. Şcolaritatea băieţilor era mai uşor de acceptat decât cea a fetelor deoarece, gospodăria se putea lipsi mai uşor de serviciile băieţilor de şapte – doisprezece ani decât de serviciile fetelor de aceeaşi vârstă: „La fete nu le lipseşte atâta învăţătură. Partea bărbătească trebuie să înveţe că se loveşte mai mult de viaţă" (Stănciulescu, 2002, p. 119).

Solidaritatea familială se făcea prin protecţia şi îngrijirea copiilor, a persoanelor inactive, prin împărţirea resurselor între membrii grupului.

Relaţiile cu alte instituţii erau şi ele importante, omul comunitar dezvoltând puternice contacte cu vecinătatea şi comunitatea, contacte bazate pe cooperare şi întrajutorare. Aşadar, satisfacerea reciprocă a sistemelor de trebuinţă din familia tradiţională i-a conferit căsătoriei durabilitate şi sens, asigurându-i un echilibru fizic şi psihic.

Unul din marile avantaje ale tradiţionalismului la nivelul familiei, pe lângă solidaritatea familială, socializare, rata mică a divorțialității etc. este și faptul că tradiția populară avea o foarte mare influență morală și religioasă. Acest lucru încadra, mai bine ca oricare alt sistem de valori, familia în anumite reguli sau norme cu un puternic caracter moral. „Păcatele" și chiar devierile ușoare ale unei familii, ale unei fete sau ale unui fecior, erau sancționate și dezaprobate prompt de comunitate. Cu toate acestea, „prelungirea sistemelor intern-preferențiale protejează individul de întrebări deranjante pe care le ridică parametrii existențiali ai vieții omenești, dar lasă aceste întrebări fără răspuns" (Giddens,1992, p. 172). Pentru comunitatea sătească, protejarea indivizilor de tentațiile lumii moderne, de valențele sociale convertite altor structuri familiale, asigura supunerea față de tradiții, asumarea sumei de roluri comunitare și, totodată, reprezenta garanția continuității culturale. Pericolul comparațiilor cu alte sisteme familiale moderne sau ancorate spre modernitate s-ar fi constituit ca sursă primordială în reevaluarea structurii de rol, a funcționalității familiale, adaptate noului sistem de sarcini repartizate pe sexe.

Privind înapoi, e greu de imaginat astăzi presiunea pe care o exercita grupul familial asupra membrilor săi. Nu exista nicio modalitate de a te izola. Părinții și copiii locuiau laolaltă și participau la toate actele vieții cotidiene. Toaleta și-o făceau sub privirile celor apropiați, care erau rugați să-și întoarcă spatele atunci când le putea fi lezată pudoarea. Nimeni nu dormea singur. În aceeași încăpere puteau dormi mai multe persoane iar în cazul familiilor foarte sărace, chiar și în același pat (Ariès, Duby, 1997, p. 54).

Cu toate acestea, tradiționalitatea a avut avantajul de a păstra valorile familiale clasice, de a asigura caracterul moral al acestora și de a impune un mediu fix de manifestare, care, dincolo de rigiditatea sa, a asigurat stabilitatea familiei tradiționale.

23

1.3. Industrializarea – premisă de evoluție spre familia modernă

Devierile de la tradiționalism și, totodată, evoluția către modernitate au ca punct de plecare industrializarea. Alvin Toffler remarcă: „Baza familiei comunitare este susținută de o civilizație agricolă în care pământul reprezintă baza economiei și de asemenea structura familiei. Când producția economică s-a deplasat de pe câmp în fabrică, familia nu a mai lucrat laolaltă ca o unitate" (Ciupercă, 2000, p. 97).

Fiind, de cele mai multe ori la baza negocierilor între familii, deținerea pământului a fost o sursă principală de presiune și supunere a tinerilor care urmau a se căsători. Amenințarea cu dezmoștenirea sau cu repudierea a funcționat mult timp ca formă principală de manipulare a tinerilor pentru acceptarea mariajului, așa cum îl negociau familiile între ele, fără a ține cont de voința tinerilor. Cu o formă de solidaritate mecanică în care voința comunitară era prioritară iar abaterea de la norme era drastic sancționată, nesocotirea voinței părinților în ceea ce privea hotărârea maritală era sancționată dur atât de familie cât și de comunitate. Astfel, dacă baza civilizației rurale era centrată în jurul activităților agricole, amenințarea cu dezmoștenirea urma să lipsească un potențial cuplu „rebel" de sursele principale de subzistență. Mai mult, comunitatea reacționa cu aceeași atitudine de respingere pentru încălcarea normelor culturale iar tinerii rămâneau fără nicio susținere și legitimitate în întreaga comunitate. Și dacă, întreaga comunitate reacționa prin critici și respingere, nici Biserica nu avea o părerea prea bună pentru faptul că tinerii neglijează voința părinților și tind să traiască în păcat, motiv pentru care, nici spațiul religios nu oferea o susținere decât în direcția refacerii relației cu familiile de origine și a conformismului cu voința acestora.

Odată cu industrializarea, structura familiei a început să se modifice treptat, scăzând numărul de membri ai familiei, separându-se de comunitatea care o înconjura şi creând premisa primelor resurse de independenţă. Astfel, dacă familia tradiţională era mai ales o unitate de producţie şi reproducţie, dar nu şi una afectivă, noile orientări tind să inverseze aceste roluri şi priorităţi, valorizând din ce în ce mai mult sentimentul. De data aceasta, alternativa unei vieţi independente economic deriva din posibilitatea tinerilor de a-şi obţine singuri resursele, nu din agricultură ci din munca industrializată.

Importanţa sentimentelor în selecţia maritală schimbă optica relaţiilor dintre parteneri. Sentimentele cer şi un spaţiu intim mai bine definit decât în mediul tradiţional. Cer, de asemenea, libertatea personală în alegerea partenerului, cer un nivel mai mare de confort, de independenţă şi, desigur, un grad redus de implicare a familiei lărgite. „Spargerea" nucleului tradiţional datorită serviciului soţului în afara familiei i-a oferit soţiei accesul la o sumă de roluri care până atunci erau în sfera de acţiuni specific masculine.

Creşterea nivelului decizional al femeii pe anumite structuri din viaţa de familie, creşterea nivelului de pretenţii, obţinerea resurselor în afara spaţiului agricol, detaşarea obţinerii resurselor dincolo de graniţa mediului familial lărgit (o zonă controlată de „patriarhi" în baza principiilor arhaice de ierarhizare pe vârstă şi sex dar şi din calitatea lor de deţinători de pământ), faptul că, principala sursă de autoritate a familiilor de origine a fost golită de conţinut (condiţionarea materială, tranzacţiile părinţilor pentru căsătorie), a permis schimbarea sistemului familial clasic, modificând atât rolurile, relaţiile dintre parteneri cât şi relaţiile cu familia extinsă.

Societatea industrială transformă cu o repeziciune destul de mare familia tradiţională: scade numărul de copii, desparte soţii după serviciu, „inventează" aziluri de bătrâni, scoţându-i din mediul lor tradiţional, familial, copiii vor pleca la şcoală şi astfel, coeziunea familială capătă altă consistenţă. Aşa s-au creat premisele unei dezagregări a familiei tradiţionale. Divizarea familiei extinse a dus la scăderea autorităţii bătrânilor deoarece valorizarea tot mai mare a sentimentului a făcut să crească nevoia de intimitate.

Raportul de putere în familie începe să se modifice şi el datorită emancipării femeii prin creşterea nivelului de informare şi cultură. După 1948 se pune un accent deosebit pe instrucţia şcolară care începe să includă tot mai mult populaţia feminină. Dacă în anul 1948, ponderea populaţiei şcolare din totalul populaţiei era de doar 13,9%, în 1979 ea ajunge la 26,1%. De asemenea, creşterea populaţiei şcolare a fost susţinută şi de o creştere a numărului de instituţii în aceeaşi perioada (în 1948 erau 20224 de instituţii şcolare iar în 1979 au fost înregistrate 29904 de instituţii de învăţământ) (Perţ, 2001 apud Larionescu, Mărginean, Neagu, 2007, p. 154).

Creşterea nivelului de instrucţie a dus şi la o creştere a independenţei economice a femeii, la o implicare tot mai mare în viaţa socială, la lărgirea orizontului şi la o rupere a ei din universul îngust al familiei. Renunţând la poziţia de gospodină, supusă soţului şi societăţii, se pare că multe femei au renunţat şi la maternitate. Dorinţa femeii de a realiza o carieră profesională (concept străin tradiţionalismului) face ca ea să iasă din carapacea familiei, acest lucru echivalând cu procesul de emancipare şi socializare a ei. Emanciparea femeii o ţine într-o continuă schimbare. Apar aşadar, mult mai multe teme specific masculine: independenţă, vanitate, ambiţie etc. Această deviere de la imaginea tradiţională a femeii se explică prin faptul că ea se implică tot mai mult în activităţi specific masculine (Niel, 1974, p. 44). Formarea unui rost propriu în viaţă din partea femeilor, a început să echivaleze cu părăsirea casei părinteşti, lucru care în perioada anterioară însemna căsătoria.

Modificarea rolurilor dintre soţi se simte şi în relaţia cu copiii. Mama este prima autoritate cu care se confruntă copilul. Legătura cu tatăl se formează mai târziu, până atunci el apărând ca o dublură a mamei. Cu toate acestea, chiar dacă autoritate mamei se manifestă mai mult direct şi continuu, tatăl reprezintă în ochii copilului autoritatea absolută.

Separarea sexualităţii de reproducere şi socializarea reproducerii evoluează pe măsură ce modurile tradiţionale de conduită, cu toate bogăţiile morale şi dezechilibrele de putere dintre sexe sunt înlocuite cu obiceiurile intern referenţiale ale modernităţii. În acelaşi timp, ceea ce este "natural" devine tot mai socializat şi astfel domeniile activităţii şi interacţiunii personale încep să se modifice la nivel fundamental (Giddens,1992, p.172). Aşadar, dacă societatea tradiţională era relativ rigidă în materie de stabilitate a valorilor, tip de familie sau stiluri de viaţă, societatea modernă modifică fundamentul solid al familiei, conferindu-i noi roluri şi destinaţii.

Industrializarea surprinde familia românească într-un moment politic de tranziţie destul de delicat. Reconstrucţia tării după războaie, politicile sociale dure pentru refacerea demografică, necesităţile acute de noi forţe de muncă pentru noile fabrici şi uzine au fost surse suplimentare care au scos factori care au stimulat şi mai mult tranziţia familiei de la tradiţionalitate spre modernitate.

Privită intern, tradiţionalitatea permitea foarte greu schimbarea. Centrat pe un sistem intern-referenţial, reticent la modernitate, cu relaţii slabe cu exteriorul, cu o structură ierarhică bine definită, cu un sistem precis de sarcini, cu legi, cutume şi imperative canonice precise, cu o slabă toleranţă socială, cu menţinerea femeii la un set de sarcini domestice, cu acces limitat sau inexistent la educaţia instituţională, grupul familial comunitar putea fi asigurat de optica şi vitalitatea tradiţională pe termen lung. Apariţia industrializării care scoate bărbatul (ca sursă de autoritate) din mediul familial şi îl trimite într-un alt spaţiu de muncă, i-a permis femeii un plus de libertate prin noile decizii cu care a fost investită în lipsa soţului. Astfel, veniturile sporadice ale unei familii care nu mai are posibilitatea să-şi calculeze veniturile ca unitate autoproductivă, impactul dur ar legislaţiilor pronataliste şi mobilitatea mare a locurilor de muncă sunt premise ale evoluţiei sistemului familial de la tradiţionalitate la modernitate.

1.4. Familia modernă – valori sociale, structura de rol şi consecinţe funcţionale

Familia modernă primeşte noi roluri, accentuându-se latura afectivă şi valorizând sentimentul. Dragostea, opusul autorităţii în ceea ce priveşte relaţia maritală în tradiţionalism, reprezintă o formă a atracţiei interpersonale care implică o mai mare profunzime a sentimentelor. Familia nucleară înlocuieşte autoritatea, ca valoare focală în tradiţionalism, cu cooperarea. Ea este susţinută de elemente ca: egalitate, schimbare, comunicare (Ciupercă, 2001, p. 3).

Familia nucleară predă o parte din sarcinile ei unor instituţii specializate (creşe, grădiniţe, after school etc) şi aceasta contribuie la creşterea importanţei funcţiilor ei psihologice (coeziune, intimitate, ataşament etc). Astăzi, partenerii pretind de la o căsnicie, căldură, romantism, dragoste psihică şi fizică, etc. Această nouă optică a modificat şi criteriile de selecţie a partenerului, criterii sintetizate în principal, în jurul dragostei. Cu toate acestea, viaţa reală nu a corespuns decât rareori imaginii romantice. De aceea, elemente culturale ale tradiţionalismului precum clasa socială, poziţia socială şi venitul, au continuat să joace un rol important în alegerea partenerului.

Orice schimbare în structura familiei impune şi o schimbare a rolurilor (Toffler, 1996, p. 203). Aceasta face ca în familia modernă să dispară modelul unic dominant în care bărbatul domină în viaţa conjugală şi cea parentală. Relaţia modernă surprinde reciprocitatea puterii şi autorităţii pe diferite nivele şi diferite intensităţi. Toate sarcinile pot fi îndeplinite atât de bărbat cât şi de femeie. Acest lucru ne conduce spre o altă caracteristică a familiei moderne – asimetria. Ea evidenţiază tendinţa unuia dintre cei doi soţi de a domina. Deducem astfel, că egalitatea poate fi înţeleasă printr-o complementaritate a rolurilor, atitudinilor şi comportamentelor dintre cele două sexe, printr-un echilibru al domeniilor şi nivelurilor în care cei doi îşi exercită autoritatea şi puterea.

Gradul de implicare în viaţa de familie depinde de percepţia asupra modificării rolurilor în condiţiile existenţei carierei profesionale la unul sau ambii parteneri. Atunci când unul din parteneri este centrat mai mult asupra carierei, celălalt trebuie să preia o parte din sarcinile domestice ale partenerului.

Tentaţia femeii de emancipare şi schimbarea rolurilor şi diviziunii muncii, o împarte, de fapt, între două direcţii: se teme că, dacă refuză să joace rolul de mamă sau soţie, ar putea să piardă siguranţa oferită de vechile valori feminine, ar putea să se trezească fără nici un fel de personalitate şi asta pentru că oscilează permanent între nevoia ei de independenţă şi dorinţa de a se raporta la vechile valori (Mitrofan, Ciupercă, 1998, p. 44).

Tot datorită emancipării, cuplurile tinere au tendinţa de a extinde pe durata a cât mai mulţi ani posibili absenţa unui copil în familie. Acest stil de viaţă marchează mutaţiile de la familia axată pe copii, la cea axată pe adulţi dar şi un tip nou de mentalitate influenţat şi de resursele economice.

Din partea femeii, munca în exterior face să-i sporească gradul de fericire, de autoîmplinire şi autorealizare. Toate acestea pot fi revigorante pentru familie doar dacă serviciul unuia din soţi nu-i cere un grad prea mare de implicare care să-l facă să neglijeze familia şi dacă prin munca pe care o face nu intră în concurenţă profesională cu celălalt partener. În caz contrar, cariera unuia din soţi sau a ambilor poate constitui o piedică în relaţia lor. Sub acest aspect, pentru că familia nu mai este ca în trecut o unitate productivă autosuficientă, problema veniturilor în familia modernă este una foarte importantă. Şi pentru că nu numai bărbatul este sursa veniturilor familiale precum odinioară, soţii sunt puşi de multe ori într-o situaţie concurenţială. Când unul din parteneri provine dintr-o familie cu o stare materială bună sau, prin munca sa, garantează veniturile familiei, apare tendinţa de a pretinde din partea celuilalt acceptarea mai multor capricii deoarece este dependent financiar de acesta. De asemenea, cuplurile cu ambele persoane cu condiţii materiale bune, pot fi măcinate de orgolii şi excese, de dorinţe şi nemulţumiri absurde. Dintr-o altă perspectivă, studiile moderne arată că există o tendinţă discretă de dominaţie din partea partenerului care contribuie cel mai mult la bugetul comun al familiei.

Vedem astfel că trecerea de la comunitar la societal produce o schimbare substanţială a concepţiei despre familie. Emanciparea femeii schimbă raporturile de putere din familie, fapt care-i situează pe soţi într-o continuă competiţie. Toate aceste transformări ale familiei în modernitate au făcut să apară modificări majore ale funcţiilor ei. Astfel, în ceea ce priveşte funcţia economică, familia nu mai este o unitate productivă autosuficientă, membrii ei fiind dependenţi de veniturile câştigate în afara gospodăriei. A fost modificată apoi şi componenţa pregătirii profesionale a descendenţilor. Transmiterea ocupaţiilor de la părinţi la copii se întâlneşte din ce în ce mai rar datorită deplasării locului de muncă al individului din interiorul familiei în exterior, în întreprinderi sociale. De asemenea, familia contemporană este caracterizată printr-un buget dezechilibrat datorită surselor sporadice de venit și cheltuielilor mari într-o anumită direcție (mai ales cele cu privire la subzistență).

Socializarea suferă și ea transformări deoarece sistemul social creat a înlocuit în mare măsură procesul instructiv-educativ din familie. În modernitate, școala a înlocuit educația dată doar de părinți. Părinții nu mai pot asigura transmiterea de cunoștințe noi copiilor deoarece nu mai corespund standardelor actuale. Lucrând mai mult timp în afara familiei, petrec mai puțin timp cu copiii. Astfel, ei nu mai dispun de timpul necesar realizării unei socializări firești, de multe ori nici nu conștientizează necesitatea acțiunilor educative (Voinea, 1993, apud Mitrofan, 1999, p. 475).

Solidaritatea familială este și ea diminuată deoarece diferă locul de muncă de cel rezidențial. Aceasta influențează negativ solidaritatea familială, măcinată de separarea fizică și afectivă. Relația conjugală este, de asemenea, afectată de contradicții și frământări din cauza emancipării femeii, a diviziunii moderne a rolurilor, a noilor pretenții și standarde în erotism etc. Nici relația parentală nu e de neglijat. Afectarea ei se datorează adâncirii diferențelor dintre modelele culturale dintre generații.

Funcția sexuală și reproductivă a fost modificată și ea deoarece se acordă importanță foarte mare performanțelor sexuale. Niciodată nu s-a discutat ca acum despre „satisfacție sexuală", „apetit sexual" etc. O obsesie a modernității este aceea a dependenței sexuale. Poziția centrală a sexualității în societățile moderne este indicată de orientările obsesive ale comportamentului sexual contemporan. Un asemenea caracter obsesiv este evident în tot mai răspândita dependență de pornografie, reviste obscene, filme, cât și în urmărirea hotărâtă a experienţelor sexuale căreia i se dedică atât de mulţi indivizi (Giddens, 1992, p. 169).

Toate aceste noi preocupări derivă într-o serie de comportamente ce cad de cele mai multe ori în două extreme: dorinţa de a poseda şi teama de a nu fi destul de bun, mergând până la inhibiţie. Aşadar, diferenţa dintre cele două societăţi rezidă tocmai din intensitatea şi profunzimea acestor modificări.

Ioan Mihăilescu şi Maria Voinea consideră că „familia şi-a pierdut mult din caracterul ei de instituţie socială, cuplul familial fiind interesat mai mult de satisfacerea propriilor interese şi mai puţin de realizarea funcţiilor pe care societatea le atribuie instituţiilor familiei" (Ciupercă, 2001, p. 3).

Cu toate acestea, deşi modernitatea a adus schimbări majore în structura familiei, elementele ei esenţiale nu au făcut decât să o stimuleze în bine. Astfel, autoritatea din familia tradiţională a fost înlocuită cu dragostea, subordonarea femeii a fost înlocuită cu egalitatea şi cooperarea, rigidele reguli comunitare au fost înlocuite cu propriile reguli şi valori etc.

Toate aceste schimbări ar fi trebuit să sporească şi mai mult coeziunea familială, şi, în consecinţă, funcţionalitatea familiei. Paradoxal însă, în modernitate, familia cunoaşte mai multe frământări, disfuncţiile fiind mult accentuate şi, de asemenea, la nivelul Europei, rata divorţialităţii a crescut considerabil. „Niciodată până acum nu au existat atâtea separări şi căsnicii destrămate ca tocmai în secolul căsătoriei din dragoste" (Dorrzapf, 1999, p. 272).

De ce se întâmplă aşa? Explicaţia o aduce Émile Durkheim care spune că o caracteristică a societăţii moderne o reprezintă „solidaritatea organică", concept ce semnifică faptul că indivizii au personalitate proprie, fiind independenţi de familie şi societate. Tocmai această „solidaritate organică" promovează seturi de valori diferite, deoarece, scăzând legăturile personale, cresc legăturile funcţionale, adică cele cerute de divizarea muncii sociale. Din această cauză se reduce continuu posibilitatea unor relaţii interpersonale profunde şi de durată, datorită diversităţii rolurilor. Relaţiile sunt reduse la situaţii formale, sărăcite de conţinut afectiv-individual, indivizii recunoscându-se tot mai des în legături tot mai variate, cu treceri rapide de la o stare la alta, de la un rol la altul (Zamfir, 1989, p. 30 apud Mitrofan, Ciupercă, 1998, p. 31).

Aceste aprecieri fac trimiteri la o altă caracteristică tot mai evidentă în contemporaneitate – individualismul. Dorinţa indivizilor de a trăi după bunul plac, considerarea celuilalt doar ca un mijloc prin care se renunţă la momentele de solitudine, acceptarea unei relaţii de parteneriat în care fiecare poate să-şi afirme individualitatea, fac ca dragostea, egalitatea, cooperarea să fie din ce în ce mai diminuate.

1.5. Tradiţionalitate versus modernitate

De la o lume tradiţională în care normele sociale aveau valori fixe şi îndeplinirea lor era permanent supravegheată şi evaluată de comunitate, la o lume modernă în care sistemul de valori este construcţia personală a cuplului, acceptată şi tolerată de comunitatea largă, drumul e lung. Solidaritatea mecanică reprezenta acel tip de comunitate în care supunerea necondiţionată faţă de normele sociale, alinierea la sistemul comun de valori clasice, chiar şi atunci când ar fi părut mai greu de acceptat, garanta unitatea cuplului, a familiei largi. Socializaţi în această direcţie comunitară, orice deviere de la norme era considerată un atac asupra „normalităţii" deoarece faptele respective nu mai aveau legitimitate socială. Devierile unui singur membru al familiei puteau scoate în afara sistemului o întreagă familie datorită toleranţei scăzute a comunităţii care sancţiona întreaga familie pentru socializarea defectuoasă a „deviantului", consecinţă a tipului carenţat de educație care l-a făcut să se contrapună modului general acceptat de manifestare socială. În acest sens putem privi comunitatea tradițională ca un sistem închis, un sistem care limita contactul cu exteriorul și care respingea schimbarea. Ierarhizarea socială era bine definită în cadrul tradițional, fapt care-i garanta încă o dată conservatorismul. Femeia era limitată în acțiunile familiale și în cele cu deschidere către societate, accesul lor la studii era limitat, de asemenea, în timp ce bărbatului i se recunoștea dreptul la studii pentru că el era considerat cel care menținea ordinea în familie și își asuma provocarea cu mediul social exerior familiei.

Tradiționalismul este cunoscut ca fiind un sistem rigid, intolerant și precis, atunci când vorbim de reguli. Totuși, devierile ușoare ale bărbaților erau tolerate mai mult decât cele ale femeilor, așadar, societatea tradițională avantaja mai mult bărbatul decât femeia. Prin faptul că femeii i se dădeau în principal sarcini domestice, ar putea fi în avantaj, tocmai datorită sistemului redus de obligații și a unor sarcini precise, care, fără să ținem cont de volumul de muncă, erau ușor de identificat și aplicat. Pe de altă parte, responsabilitatea garantării resurselor familiei implica un sistem de sarcini dificile pentru bărbat. Asigurarea resurselor materiale pentru familie contura și mai mult autoritatea soțului dar și poziția lui socială. Cu toate acestea, dacă în gestionarea activităților de menaj, femeile erau lăsate să se descurce singure, în activitățile care garantau „autosuficiența", ele erau, de asemenea, solicitate. Garantarea resurselor era expresia unei bune socializări în familia de origine și, totodată, recunoașterea socială a comunității ca fiind un un harnic, bine educat în „școala muncii". Cu un sistem ierarhic bine educat începând cu perioada copilăriei, cu un accent puternic pe obținerea mijloacelor de subzistență (zonă de socializare în care cultura pământului ca resursă economică principală era prioritate în educație), posibilitatea supunerii descendenților după voința părinţilor şi normele sociale ale comunităţii era mare. Independenţa tinerilor era sancţionată dur atât în cadrul familiei cât şi în comunitatea culturală din care făcea parte. Ameninţările familiei cu dezmoştenirea obligau descendenţii la conformism. Puterea pe care o deţinea familia deriva din calitatea ei de deţinătoare de pământ. În sistemul tradiţional, pământul era principala sursă de obţinere a resurselor şi, în acelaşi timp, un domeniu important de negociere în tranzacţiile maritale ale familiilor. Lipsit de resurse, fiul sau fiica intra în conflict cu tot sistemul tradiţional: cu norma socială în ansamblu, cu familia prin negarea valorilor acceptate de membrii ei şi prin lipsa de legitimitate socială (autoritatea părintească fiind singura instanţă socială recunoscută pentru a o / îl reprezenta), cu membrii comunităţii prin faptul că nu se adapta sistemului şi cu autorităţile religioase, prin nesocotirea voinţei părinţilor.

Supuşi familiei şi comunităţii, tinerii aveau prea puţine şanse pentru schimbare, pentru reevaluarea normelor în forme mai avantajoase cuplului. Forţa cu care se impunea tradiţia până în cele mai intime detalii ale vieţii (căsătorie, ritmul naşterilor, numărul naşterilor, supunerea faţă de cei mai mari, tranzacţiile maritale etc.) nu dădea prea multe şanse tinerilor pentru evoluţia către un sistem modern. Cercetările realizate de Xenia Costaforu atestă familii foarte numeroase cu un număr de până la 40 de membri. Familia, însăşi, era o comunitate, o instanţă naturală de educaţie şi dezvoltare socială. În acest sistem familial, conta mai puţin confortul personal. Cu mai multe persoane repartizate pe fiecare cameră, cu reguli stabilite de „patriarhi" pentru fiecare etapă a vieţii, accesul la intimitate, la un minim confort propriu, era inexistent. Limitând spaţiile personale în favoarea celor familiale, se limita de fapt accesul la intimitate şi valori proprii în favoarea normelor de grup. Altfel spus, blocând accesul la intimitate se favorizează accesul către comunitate. Or, intimitatea presupune opţiunea personală a sistemului de valori, detaşarea de regulile generale în favoarea celor personale, deci, o depărtare de autoritatea comunitară în beneficiul personal.

Cu toate acestea, structura familiei tradiţionale îi asigura stabilitatea pe termen lung. Cu roluri precise, repartizate pe gen, cu funcţii fixe, puţin flexibile, cu norme sociale clare care dădeau direcţii acţionale bine centrate pe scopuri, familia tradiţională şi-a asigurat vitalitatea în timp. Forţa tradiţiilor a fost atât de mare încât membrii comunităţii se supuneau necondiţionat ei. În acest sens, George Marica remarcă faptul că oricât ar fi ţăranul de egoist, comunitatea nu-i permite să încalce prea mult tradiţia. În esenţa sa, tradiţia dă forţă şi prestigiu opiniei publice iar dominaţia ei este expresia aversiunii ţăranului faţă de inovaţie şi progres (Marica, 2004, p. 125).

Greu de schimbat din interior datorită regulilor şi modului în care membrii tradiţionali şi-au asimilat valorile tradiţionale, evoluţia spre modernitate îşi are explicaţia în efectele produse de industrializare. Dacă înainte de acest moment, regulile comunităţii şi, totodată, ale grupului familial erau seturi de imperative care menţineau linia clasică a tradiţionalismului, autoritatea exterioară, cea a statului, vine să modifice aceste reguli ca extensie a noilor cerinţe socio-economice cerute de industrializare. Astfel, trecerea de la „unitatea productivă autosuficientă" la o unitate în care veniturile sunt sporadice datorită capacităţii reduse de plată ale unei ţări în progres industrial, de la normele comunitare precise la unele flexibile marchează şi momentul trecerii de la structura tradiţională clasică la un set nou de valori, adaptabil momentului şi noilor contexte sociale. Evoluţia familiei româneşti echivalează cu evoluţia statusului feminin. Cu grad mai mare de libertate, de acţiune, cu acces la studii şi carieră, menţinerea situaţiilor tradiţionale era imposibilă.

Independenţa în creştere a femeii va fi susţinută şi de o evoluţie a capacităţii economice. În acest sistem, recalcularea structurii de rol şi a valenţelor funcţionale au fost consecinţe fireşti ale acestei tranziţii.

Familia nu s-a transformat în sensul că au apărut noi structuri sau funcţii, ci în sensul că s-a schimbat ponderea diferitelor tipuri structurale, importanţa şi conţinutul funcţiilor. Distincţia cea mai mare în această tranziţie o constituie primordialiatea obligaţiilor şi a afecţiunii. Dacă în sistemul tradiţional, legătura cu familia extinsă (rude de sânge şi cele prin alianţa civilă sau religioasă) erau sursa principală a drepturilor şi obligaţiilor dar şi obiectul privilegiat al afecţiunii, în sistemul modern obligaţiile scad în intensitate în grupul mare şi îşi centrează zona de acţiune asupra grupului mic în jurul căruia îşi manifestă şi afecţiunea. Dacă tradiţionalitatea centrează autoritatea în jurul capacităţii economice masculine şi de aici sursa ierarhică a unui sistem avantajos bărbatului, modernitatea, prin egalitatea economică dintre sexe creează premisa unei mai mari egalităţi de rol (Iluţ, 2005, p. 87).

Deşi tradiţionalitatea s-a putut impune cu o forţă uimitoare asupra comunităţilor, inferioritatea generală a femeilor a fost resimţită şi reclamată, chiar şi în spaţiul comunitar, cu toată rigiditatea şi intoleranţa sa. Adaptaţi la normele cerute de societate, spaţiul intim al vieţii de familie mai permitea o relativă flexibilitate de rol conjugal. Cercetarea monografică surprinde astfel de atitudini conjugale destul de timpurii, în vremurile consacrate ca aparţinând tradiţionalismului clasic. În anul 1930, în satul Runcu, Xenia Costaforu surprinde un tip egalitar de rol conjugal şi funcţionalitate: „El niciodată nu-mi spune să fac ceva. Dacă vreau sa fac, bine. Dacă nu, face singur" (Costaforu, 2005, p. 142). Deducem de aici că forţa imperativă a normelor canonice tradiţionale acţiona în primul rând în exterior, în spaţiul comunitar. Din interior, viaţa de familie mai permitea

37

anumite nuanţări asupra distribuţiei rolurilor conjugale. Mai mult, tocmai datorită rigidităţii normelor şi cutumelor tradiţionale, anumite situaţii mai puteau fi speculate în interes personal: „Eu n-am vrut dar Dumitru mi-a adus fata şi s-a culcat cu ea în pat noaptea şi a doua zi iar aşa, timp de o săptămână, până când mi-a fost ruşine şi mie de sat şi m-am dus la A. şi l-am făcut naş. Duminică i-am cununat. Au trăit bine..." (Costaforu, 2005, p. 91). Aşadar, noile comportamente erau invalidate de regulile, deja, socializate dar puteau fi confirmate ulterior, în baza unor comportamente care garantau funcţionalitatea şi faptul că „au trăit bine". Aşezarea tradiţionalilor în faţa faptului împlinit şi construirea unei serii largi de strategii care să conducă spre acceptarea forţată a unor noi fenomene şi tendinţe a constituit un atac la clasicele forme de solidaritate comunitară dar şi o formă de reorientare a comportamentelor şi valorilor către alte sisteme valorice. (ex. „raptului fecioarelor"[1])

Într-un spaţiu creştin, în care regulile tradiţionale erau influenţate de preceptele religioase creştine, fecioria era virtutea evaluată de familiile care negociau căsătoria copiilor lor. Stimularea unei căsătorii dorite de tineri dar neagreată de familii urmărea această strategie în urma căreia, tinerii care săvârşeau „păcatul" erau lăsaţi să se căsătorească, făcând astfel din intoleranţa socială un avantaj al cuplului.

Observăm că tradiţionalitatea nu mai apare, astfel, ca un sistem unic de norme, de reguli socializate şi asimilate total de către toţi membrii ei şi că, tranziţia de la o generaţie la alta aduce în plan experienţial situaţii care oferă noi direcţii de

---

[1] Răpirea fetelor din familiile de origine, de multe ori cu voia lor, conducea către o formă de acceptare forţată a mariajului dintre cei doi tineri, cu scopul de a "spăla" ruşinea celor două familii. Deşi această practică a fost interzisă de Sinodul II Ecumenic de la Constantinopol, din anul 381, practica încă mai apărea în perioada anilor '40 ai secolului trecut, aşa cum este identificată de Xenia Costaforu în cercetarea sa.

abordare a sistemului de rol conjugal. Apreciind căsătoria din perspectivă materială, avantajul tradiționalismului apare mai mult la generațiile vârstnice, care, prin prisma autorității recunoscută de sistem pentru negocierea căsătoriilor, puteau privi căsătoria ca un mijloc de repoziționare socială și, desigur, de avantaj material.

Adaptarea situațiilor la limitele regulilor sociale și, treptat, subestimarea rolului tradițiilor pe fondul favorabil al industrializării este încă o premisă a evoluției familiei spre modernitate. Tranziția spre modernitate cunoaște diferite faze iar asimilarea noilor forme de manifestare maritală s-a făcut treptat și diferențiat în funcție de mediile culturale și rezistența la nou sau în funcție de factorul uman, privit din perspectiva unui grad de individualitate în creștere. Or, diferitele stadii de evoluție către modernitate au creat o diversitate de moduri de viață. Socializarea în diferite forme maritale stimulează societatea la o creștere a nivelului de toleranță. Libertatea alegerii partenerului conjugal, libertatea formelor de conviețuire, independența financiară și capacitatea relațională sporită a reprezentat, nu un cadru favorabil schimbării ci valențele care au impus schimbarea. Pe această structură, ordinea priorităților cuplului se modifică și, o dată cu ea, se adaptează și rolurile conjugale. Dacă femeia era privită tradițional ca „făcătoare de copii și aducătoare de avere" și era limitată la sarcinile domestice, situație permisă de forma familiei comunitare „autoproductive", spațiul modern nu mai oferă aceleași resurse. Veniturile unui singur soț asigură mai greu resursele necesare familiei, fapt care antrenează și soția pe piața forței de muncă. Dependența reciprocă a partenerilor a condus la un echilibru al rolurilor conjugale și, în mod cert, la un echilibru funcțional. Independența față de familiile de origine, numărul scăzut de copii (de regulă, influențat de nivelul scăzut al veniturilor) au creat familiei moderne un nivel mai mare de confort generat de un număr mai mic de membri, de o structură egalitară și nu ierarhizată. Pe acest cadru, apare și nevoia de intimitate crescută iar manifestările interne ale familiei nu mai ajung în spațiul public pentru aprobare sau sancțiune.

Dacă pentru unii, diversitatea creează confuzii datorită formelor de manifestare, pentru alții, ea poate fi șansa de a alege forma cea mai avantajoasă. Trecerea de la autoritate la cooperare dezavantajează, în primul rând, bărbatul. Statusul său este „dezbrăcat" de sursa de autoritate, de întâietate iar diferența simțită de cel socializat tradițional în spațiul modernității de tranziție poate crea tensiune la nivelul cuplului său. Am putea spune că tradiționalitatea exclude modernitatea prin formele sale inflexibile de manifestare. Însă, spațiul modern îi oferă loc și tradiționalismului datorită creșterii toleranței sociale și datorită unei mai mari disponibilități de a accepta diversitatea. De aceea, căsătoriile cu o consistență homogamică scăzută reprezintă un risc, tocmai datorită impactului cultural generat de seturile diferite de valori. Aceasta, datorită faptului că, acceptarea sau neacceptarea unor seturi de valori învechite sau mai puțin adaptate prezentului și înlocuirea lui cu altele, este întotdeauna însoțită de o stare de confuzie, dezorientare datorate incompletitudinii sistemului de norme și reglementări formale, a cunoașterii insuficiente, a experimentării limitate sau insuficiente și a lipsei reperelor informale. În mod firesc, o schimbare în plan formal se produce atunci când, la nivel informal ea s-a produs deja, astfel încât vechea reglementare formală și-a pierdut sensul sau semnificația și a devenit nefuncțională (Voinea, 2005, p. 208).

Centrată în jurul dragostei, relația modernă avea menirea de a aduce un plus de vitalitate și funcționalitate familiei. Familia modernă se constituie în baza voinței personale a partenerilor, în baza unui sistem de valori comune, a unui sistem adaptat de roluri, a libertății mutuale de manifestare etc. Ea nu mai reprezintă voința de necontestat a familiilor de origine, nu se mai supune unor reguli comunitare rigide, nu i se mai impun nașteri, roluri prestabilite comunitar, în consecință, nu mai apare ca o entitate încorsetată într-un sistem cu funcții precise, inflexibile ci exprimă propria voință, propriile sentimente, propriul sistem de valori, de roluri acceptate sau negociate. Ea apare ca o structură nucleară, democratică, bazată pe consens, egalitate și complementaritate de rol. Cu toate acestea, influențele familiilor de origine în deciziile maritale ale tinerilor dar și în atitudinile acestora de rol nu au încetat în totalitate. Simbolic sau real, consistent sau doar într-o formă discretă, influențele familiilor de origine încă mai pot fi observate în suficiente situații. Structurile familiei moderne crează premisele unei independențe depline față de vechile imperative canonice însă nu pot anula orientările culturale ale părinților și modalitatea în care aceștia găsesc a fi oportun să intervină în viețile tinerilor pentru a-i sustine, conform propriilor principii.

Marile aglomerări urbane au oferit familiei moderne posibilitatea de a se separa și mai mult de întreaga ramificație de rude, ceea ce a mărit gradul de independență al cuplului față de familia lărgită. Această retragere parțială din familia extinsă implică o nouă structură de raporturi cu aceasta, în mod deosebit cu familia de origine. Pe aceste premise, familia modernă își adaptează permanent stilul de viață, manifestându-se printr-o concentrare afectivă, comunicațională și acțională care-i garantează securitatea fizică și emoțională, nevoia de comunicare și creștere a „personalității de cuplu". Creșterea în intimitate presupune un sistem complex de așteptări reciproce, uneori complicat datorită diversității de a fi, de a gândi și simți, ceea ce presupune abilități relaționale, flexibilitate și creativitate care să permită soților să răspundă pozitiv nevoilor partenerului (Mitrofan, Ciupercă, 1998, p. 27).

Suprapunând cele două sisteme, putem caracteriza omul comunitar prin conştiinţă religioasă, sentimente modelate de tradiţii, prin conformism cultural, încadrat într-un sistem familial larg, cu reguli precise de manifestare pe care le aplică în baza legitimităţi comunitare, fără să le evalueze şi adapteze personal şi cu toleranţă slabă. În cealaltă direcţie, omul societal se caracterizează prin independenţă, convenţionalism, sentimente modelate de politică, de idealurile personale, cu un nivel crescut de toleranţă care-i dă posibilitatea de a accepta mai uşor diversitatea şi care reflectă calculează şi decide (Ibidem, p. 28).

Putem privi diferenţa dintre cele două sisteme şi dacă marcăm nivelul acţiunii personale. Tradiţionalismul oferă garanţia securităţii în baza unui conformism total al acţiunilor individului, supunerea faţă de norme fiind garantată de sistem (garanţie oferită de solidaritatea comunitară, centrată pe sistemul comun de valori) iar modernitatea oferind libertate acţională totală dar cu asumarea personală a consecinţelor. Absorbit de comunitate prin supunerea faţă de preceptele canonice, individul tradiţional primeşte garanţia „normalităţii acreditate" pe când, individul cu personalitate proprie îşi poate crea singur situaţiile, având garanţia libertăţii acţionale, fiind total independent de comunitate dar nu mai primeşte garanţia legitimităţii sociale, ceea ce îl face să îşi asume consecinţele. „Protecţia" comunitară pretinde ca tribut libertatea acţională a membrilor săi prin supunerea necondiţionată iar modernitatea oferă garanţia libertăţii individuale dar la asumarea riscurilor în potenţă. Aceste diferenţe l-au făcut pe Tonnies (1987) să afirme că oamenii comunitari rămân uniţi în ciuda oricăror forme de separare pe când, în societate, ei sunt separaţi în ciuda oricărei legături.

Putem spune că valorile tradiţionale şi cele moderne sunt incontestabile. Valoarea morală, consecinţele sociale nu pot fi privite prin raportare la celălalt sistem ci ca sumă de efecte generate în sistem. Stabilitatea maritală oferită de sistemul tradiţional în baza unor reguli fixe avea preţul conformismului total, supunerea ierarhică şi libertatea redusă. Orientările conservatoare protejau indivizii comunitari de diversitatea de manifestare a formelor moderne şi îi garanta stabilitatea, însă, preţul stabilităţii anula voinţa personală în favoarea celei comunitare.

Familia modernă asigură opţiunea personală asupra deciziei maritale, asupra distribuţiei de rol, asupra formei maritale şi nu limitează personalitatea individuală în favoarea celei colective. Cu toate acestea, ponderea pretenţiilor personale în raport cu cele ale vieţii de cuplu este greu de evaluat şi poate genera tensiuni. Modalitatea de implicare funcţională, de asumare a sarcinilor şi atitudinea maritală poate asigura stabilitatea sau instabilitatea cuplului în funcţie de gradul în care fiecare membru înţelege să se implice în viaţa de cuplu pentru a construi un set de valori şi acţiuni comune care să le ofere echilibrul. Varietatea largă a formelor maritale moderne, socializarea în sisteme culturale diferite poate „aduna" într-un cuplu valori diferite care pot conduce spre o „inconsistenţă de optică maritală".

Cu toate acestea, ar fi greşit să afirmăm astăzi că familia prezentului este detaşată total de anumite seturi de repere specifice tradiţionalismului. Ca structură numerică, putem vedea o evidentă evoluţie spre un grup familial mai mic însă, ca abordare valorică, principii de viaţă şi norme de conduită, nu am putea spune că ne-am depărtat total de valorile clasice, tradiţionale. Cercetarea realizată de Soros (Viaţa de familie - 2008), arată că 20% dintre intervievaţi afirmă că sunt de acord cu afirmaţia potrivit căreia „este mai bine să ai o căsătorie nefericită, decât să nu o ai deloc", ceea ce arată o abordare centrată mai puţin pe elementele moderne de familie (emoţii, sentimente, comunicare şi interacţiune, libertate etc.) şi o orientare mai evidentă în favoarea unor manifestări funcţionale de tip clasic potrivit cărora, îndeplinirea, fie ea şi rigidă a fiecărei funcţii, asigură un minim de stabilitate maritală. Tot aici se arată că rolurile şi poziţiile sociale identificate în spaţiul prezent încă mai au accente tradiţionale. Astfel, doar 36% dintre intervievaţi consideră că „taţii pot avea grijă de copii la fel de bine ca şi mamele" iar atunci când este adusă în discuţie componenta educaţională, 22% dintre repondenţi consideră că „studiile universitare sunt mai importante pentru un băiat decât pentru o fată".

În privinţa distribuţiei de rol, „ecourile" tradiţionalismului încă se mai fac auzite. Majoritatea treburilor casnice sunt realizate astăzi tot de femeie, bărbatul are o influenţă mai mare în asigurarea relaţiei familiei cu spaţiul public dar, atunci când se iau decizii în familie, în proporţie de aproximativ 70%, ele se iau de comun acord. Putem afirma aici că modernitatea i-a dat femeii posibilitatea de a-şi manifesta independenţa, de a avea acces la carieră, deci de a putea vedea modernitatea şi din perspectiva genului feminin. Însă, asumarea valenţelor moderne de către femei este de cele mai multe ori dublată de asumarea sarcinilor domestice.

Ceea ce pare interesant, conform datelor statistice obţinute în urma cercetărilor realizate de Soros în anul 2008 este faptul că majoritatea repondenţilor declară că deciziile se iau împreună însă, la nivelul mentalităţilor apare o mică fluctuaţie: bărbaţii declară în proporţie de 49,7% că o familie trebuie condusă de bărbat şi, în 29% dintre situaţii că femeia deţine această calitate în timp ce femeia vede bărbatul cap al familiei în proporţie de 33,7% şi într-o proporţie de doar 7% îşi asumă această calitate.

În concluzie, la nivel general nu am putea putea vorbi despre o structură de rol perfect egalitară, nu există un sistem marital optim dar pot fi construite sisteme maritale de succes atunci când mentalităţile, mediile culturale, valorile şi scopurile cuplului sunt asemănătoar. Astăzi, „optimizarea" vieţii de familie nu se mai face prin raportare la valorile comunitare, la o totală supunere culturală ci la adaptarea, negocierea, reciprocitatea acțiunilor, prin susținerea valorilor comune cuplului și prin permanenta raportare la ele.

Capitolul II.
Căsătoria – o instituţie în schimbare

2.1. Căsătoria – aspecte juridice şi evoluţia socială

Am putea înţelege mai bine dinamica relaţiilor relaţiilor de astăzi dacă ştim câte ceva despre modul în care trăiau oamenii din alte timpuri şi din alte societăţii. Prin urmare, în acest subcapitol ne vom îndrepta atenţia către aspectele juridice şi evoluţia istorică a căsătoriei şi familiei.

Căsătoria, ca „uniune liber consimţită dintre un bărbat şi o femeie între care se stabilesc anumite drepturi şi obligaţii legale" (Apostu, 2015, p.249), reprezintă acea unitate conjugală care se doreşte a fi indisolubilă. Altfel spus, căsătoria reprezintă legătura dintre doi indivizi de sexe opuse care trăiesc împreună, având o relaţie aprobată şi recunoscută, atât social cât şi juridic. Există căsătorii exemplare sau căsătorii de aparenţă, ce sunt doar nişte faţade; există cupluri bazate pe dragoste în afara căsătoriei şi altele care nu sunt nici căsătorii şi nici dragoste, ci simple aventuri. Împotriva opiniilor generale cu privire la gradul ridicat de funcţionalitate al cuplului marital, există o categorie mai mică de specialişti care-i neagă valoarea. Astfel, Lévi-Valensi a ajuns la concluzia şocantă potrivit căreia „instituţia căsătoriei este în istorie un act prematur. Prematurizare necesară maturizării pe care o schiţează, dar totuşi prematurizare" (Lévi-Valensi, 1983, p.18).

Ideea fundamentării unei relaţii pe termen lung pe dragoste romantică s-a răspândit de-abia recent în societatea noastră şi nu a existat niciodată în majoritatea celorlalte culturi. Numai în vremurile moderne, în societăţile occidentale industrializate, a început să se facă o legătură între dragoste și căsătorie. John Boswell, istoric al Europei medievale, a remarcat cât de neobișnuite sunt ideile noastre moderne despre dragostea romantică. „În Europa premodernă, căsătoria începea de regulă cu un aranjament referitor la proprietate, continua cu creșterea copiilor și se sfârșea în dragoste. În realitate, puține cupluri se căsătoreau din dragoste, dar majoritatea ajungeau să se iubească pe măsură ce își gospodăreau împreună casa, își creșteau copiii și împărțeau aceleași experiențe de viață. Aproape toate epitafurile dedicate de văduvi denotă o afecțiune profundă. În cea mai mare parte a Occidentului modern, dimpotrivă, căsătoriile încep din dragoste, continuă cu creșterea copiilor (dacă există) și se sfârșesc – adesea – cu discuții despre proprietăți, într-un punct în care iubirea lipsește sau reprezintă doar o amintire îndepărtată" (Boswell, 1995, p.21).

În Europa Evului Mediu, de regulă, nimeni nu se căsătorea din dragoste. De aici și zicala medievală: „Dacă cineva își iubește soția cu patimă, aceasta înseamnă adulter". În acele vremuri, bărbatul și femeia se căsătoreau în principal pentru a-și păstra proprietatea în interiorul familiei sau pentru a crește copii care să muncească în ferma familiei. Odată căsătoriți, era posibil ca ei să devină tovarăși de viață apropiați, acest lucru întâmplându-se după căsătorie, mai degrabă, decât înainte. Constanța Ghițulescu susține ideea conform căreia în relația maritală, „fiecare soț este o rotiță cu rol în funcționarea <<mașinăriei>> conjugale" (Ghițulescu, 2004, p.231). Totodată, soțul trebuie să se îngrijească de economia familiei, „să producă" și să aducă în casă, îndeplinirea acestei îndatoriri reflectându-se în „haine", „bijuterii", „hrană", „slugi", „casă"; în acest mod un soț își manifestă grija față de familie și își arată „dragostea" față de soție. În schimb, soția trebuie să „chivernisească" ceea ce primește, contribuind la bunăstarea familiei, „să-și cunoască soțul de bărbat și stăpân", adică să-i fie supusă și fidelă (ibidem).

Iubirea romantică a fost privită cel mult ca o slăbiciune şi, în cel mai rău caz, ca un fel de boală. Boswell vorbeşte, pe bună dreptate, despre o „posibilă obsesie a culturii moderne industriale" pentru dragostea romantică: „Cei implicaţi în acest <<tumult al iubirii>> tind să o considere indiscutabilă … Prea puţine culturi premodeme sau contemporane neindustrializate ar fi de acord cu punctul de vedere – necontestat în Occident – conform căruia <<scopul în viaţă al unui bărbat este de a iubi o femeie, iar scopul în viaţă al unei femei este de a iubi un bărbat>>. Majoritatea oamenilor, din toate timpurile şi locurile, ar considera aceasta o măsură foarte slabă a valorilor umane!" (ibidem, p.19).

În zilele noastre, lucrurile se află la polul opus în comparaţie cu epoca trecută, întrucât majoritatea oamenilor cred că o relaţie bună se întemeiază pe comunicare emoţională şi intimitate. Fără îndoială, intimitatea şi comunicarea sentimentelor erau importante pentru o căsătorie reuşită, dar nu constituie temeiul acesteia. Pentru cuplul modern însă, ele sunt fundamentale. Comunicarea este, în primul rând, modalitatea de stabilire a unei relaţii trainice şi raţiunea continuării sale. O relaţie reuşită este una între egali, în care fiecare parte are drepturi şi obligaţii egale. Într-o astfel de relaţie, fiecare persoană este respectată şi doreşte ceea ce este mai bun pentru celălalt. Discuţia, sau dialogul, este lucrul cel mai important pentru a face ca relaţia să meargă. Cel mai bine este atunci când partenerii nu se ascund unul de celălalt, existând încredere reciprocă. În sfârşit, Anthony Giddens susţine că „o relaţie reuşită este una lipsită de orice putere arbitrară, constrângere sau violenţă" (Giddens, 2000, p.58).

Se remarcă faptul că, din cele expuse anterior, în perioada medievală, aranjamentele maritale aveau la aveau la bază tranzacţii materiale între familii. Astăzi, căsătoria este „liber consimţită", potrivit articolului 259 care precizează conceptual că este „uniunea liber consimţită dintre un bărbat şi o femeie, încheiată în condiţiile legii" (Codul Civil, 2012), evitând încercările minorităţile sexuale de a interpreta juridic din propria perspectivă. Consimţământul liber la căsătorie este un drept firesc al fiecărei persoane care urmează a întemeia o familie.

Dacă înainte, mariajul era centrat spre „noi", astăzi, prevederile legislative îi dau posibilitatea partenerului să se orienteze mai mult spre sine. Aşadar, „legislativul crează structura unor relaţii postmoderne în care binele personal primează binelui comun, familial, în care *Eu* este prioritar lui *Noi* (Apostu, 2015, p.255). De exemplu, în ceea ce priveşte regimul separaţiei de bunuri şi convenţia patrimonială, „fiecare dintre soţi este proprietar exclusiv în privinţa bunurilor dobândite înainte de încheierea căsătoriei, precum şi a celor pe care le dobândeşte în nume propriu după această dată" (art. 360 din Codul Civil). Ideea de separare a bunurilor, deşi partenerii sunt căsătoriţi, conturează un nou tip de atitudine maritală şi anume, individualismul juridic, care contribuie la „o diminuare a nivelului clasic de solidaritate în favoarea unei mentalităţi precaute, orientate spre sine" (Apostu, 2015, p.255). Totodată, Jane Lewis susţine că „individualismul este în mod necesar egoist şi distructiv, care, la rândul său, ridică probleme în ceea ce priveşte reglementarea familiei" (Lewis, 2001, p.55), analizând modul în care s-au erodat vechile reguli şi ceea ce se întâmplă ca rezultat la nivelul relaţiilor conjugale.

De asemenea, observăm faptul că, se face tranziţia de la „solidaritatea mecanică", specifică societăţilor tradiţionale, „în care membrii se aseamănă între ei, trăiesc sentimente similare şi sunt animaţi de o conştiinţă colectivă" la „solidaritatea organică", specifică societăţilor moderne caracterizate de „heterogenitatea indivizilor", precum şi de „conştiinţa individuală" a acestora (Durkheim, 1964/2001, p.80). Cu alte cuvinte, se trece de la individul solidar, cu imperativele pe care comunitatea culturală i le impune, la acel individ care are acces la autonomie, construindu-şi propria fericire. Construcţia fericirii are o orientare individuală, celălalt fiind persoana prin care dorinţele individuale devin realizabile. Un bun exemplu îl reprezintă protejarea patrimoniului personal, care devine „strategia de siguranţă" a mariajelor din epoca contemporană în care „vulnerabilitatea de-a oferi devine mai degrabă un risc, decât o dovadă de încredere pentru partenerul iubit" (Apostu, 2015, p. 256). Aşadar, în loc ca partenerii să devină solidari, îşi fundamentează individualismul, chiar în momentul în care ar trebui să îşi declare iubirea. Trecerea de la accentul pus pe viaţa de cuplu la un accent individualist poate fi înţeles ca o modalitate de a proteja propriile sentimente, propria intimitate şi propriile valori. Individualismul este expresia crizei legăturilor sociale rezultat din „refuzul de a supune viaţa privată legii şi controlului social" (Dubar, 2001, p.73).

Un alt aspect important al căsătoriei este monogamia: „este interzisă încheierea unei noi căsătorii de către persoana care este căsătorită" (art. 273 din Codul Civil). Moralitatea monogamiei este apărată şi de articolul 306 din Codul Penal care pedepseşte bigamia cu închisoarea de la 1 la 5 ani pentru persoana care, căsătorită fiind mai încheie o altă căsătorie, şi de la 6 luni la 3 ani pentru persoana necăsătorită care se căsătoreşte cu o altă persoană despre care ştie că este căsătorită. Căsătoria poligamă a fost acceptată doar din punct de vedere religios, fiind privită ca o „prescripţie divină", fapt care explică supunerea necondiţionată a femeilor. Astăzi, căsătoriile poligame sunt tolerate din ce în ce mai puţin, fiind văzute ca o „ierarhizare rigidă a relaţiilor dintre sexe", ce atestă superioritatea bărbatului asupra femeii (Apostu, 2015, p.258).

Prevederile legislative atenţionează asupra validităţii căsătoriei, precizându-se în articolul 279 din Codul Civil faptul că mariajul se poate realiza doar de către ofițerul stării civile, la sediul primăriei, existând puține excepții de la regula locației. Scopul prioritar al acestei prevederi protejează statul de o eventuală dublură de autoritate care să autentifice, fie și formal, o relație conjugală. Astfel, statul pretinde întâietatea oficializării mariajului înaintea oricărei alte instituții laice sau religioase, „având o orietarea strict administrativă", în timp ce, teologia își asumă dreptul de „responsabil moral" în așa fel încât, tinerii care stau împreună și nu intenționează să se căsătorească, au posibilitatea de a primi binecuvântarea bisericii prin consimțirea slujbei de logodnă (ibidem, pp. 260-261). Pentru Antim Ivireanul, primul scop al căsătoriei îl constituie procreația: „nunta iaste împreunarea bărbatului cu muierea spre îndeplinirea dumnezeescului acela cuvânt: creșteți și vă înmulțiți" (Ivireanul, 1996, p.333). Un al doilea scop ar fi grija pe care cei doi soți trebuie să o arate unul față de celălalt, iar cel de-al treilea „încetarea pohtei cei trupești". Cu alte cuvinte, actul sexual devine legitim numai în interiorul unei legături licite, deoarece „pentru curvie fieștecarele a sa muiare să aibă și fieștecare pre al său bărbat să-l aibă" (ibidem, p.334).

Conform articolului 272 din Codul Civil, tinerii se pot căsători începând cu vârsta de 18 ani. Cu toate acestea, există și excepții, în sensul că tinerii se pot căsători și de la vârsta de 16 ani dacă obțin acordul părinților. Prevederile aceluiași articol descrie și cazul în care voința unuia dintre părinți este împotriva mariajului, situație în care, instanța de tutelă poate decide mai presus de voința părintelui „având în vedere interesul superior al copilului" (art. 272 din Codul Civil).

Tot o condiție a căsătoriei este și comunicarea reciprocă a stării de sănătate. Partenerii au dreptul de a decide asupra unei căsătorii în care unul dintre soți are o problemă medicală care ar putea afecta viața de cuplu. Astfel, legea protejează familia de abuzul de a ascunde o boală care poate crea probleme vieţii de cuplu: „Căsătoria nu se încheie dacă viitorii soţi nu declară că şi-au comunicat reciproc starea sănătăţii lor" (art. 278 din Codul Civil). Dovada comunicării stării de sănătate se face prin ataşarea unui certificat medical care atestă faptul că soţii sunt apţi pentru întemeierea mariajului.

Oficializarea căsătoriei presupune respectarea unor condiţii legale care să ofere fiecărui partener securitatea juridică a familiei. Astfel, cadrul juridic, prin resursele sale, oferă „mediul optim dezvoltării vieţii de cuplu" (Apostu, 2015, p.262). În pofida imaginii stereotipizate cu privire la caracterul restrictiv al căsătoriei, drepturile şi obligaţiile familiei, aşa cum sunt descrise în Codul Civil, „nu presupun o sumă de condiţii rigide care condiţionează viaţa, voalând libertatea partenerilor, ci încearcă să ferească grupul conjugal de anumite acţiuni care pot afecta stabilitatea maritală" (ibidem, p.265). De asemenea, căsătoria oferă o nouă imagine de status partenerilor şi implică fidelitate, încredere şi confirmarea dragostei reciproce, partenerii conjugali ajungând la un nivel superior de cunoaştere şi funcţionalitate. Evident, căsătoria şi vitalitatea ei ţin de gradul de compatibilitate, de factorii psihologici şi sociali de socializare şi manifestare, adică de homogamie: „gradul crescut de valori comune oferă cuplului posibilitatea de a crea un mediu intim cât mai profund din care partenerii îşi pot extrage energia de a se dezvolta, manifesta şi echilibra reciproc" (ibidem, p.106). Astfel, atitudinile postmoderne se caracterizează printr-o evoluţie către credinţe maritale practice şi individualiste, căsătoria devenind numai una dintre opţiunile posibile, „o datorie impusă de societate şi mai puţin un mijloc de împlinire personală" (Popescu, 2009, p.83). Căsătoria devine un parteneriat, un schimb echitabil pentru parteneri, care durează atât timp cât le oferă celor doi satisfacţii suficiente. „Dragostea confluentă", sentimentul pe care se bazează noul tip de relație, „este activă, contingentă și, prin urmare, contrară calităților de <<veșnicie>> și <<unicitate>> ale complexului iubirii romantice" (Giddens, 2000, p.62).

Societatea nu a lăsat niciodată doar la inițiativa indivizilor instituția căsătoriei ce asigură descendența și marchează existența grupurilor sociale. Căsătoria a găsit modalități de expresie ce au evoluat în timp și în spațiu potrivit contextului cultural și social, rămânând însă „un act ce angajează comunitatea în întregul ei atât în formele sale de expresie socială, cât și în viitorul ei biologic" (Druță, 1998, p.60). Toate societățile cunosc reguli foarte stricte, scrise sau nescrise, ce definesc instituția căsătoriei, formulând interdicții în ceea ce privește modul său de realizare.

2.2. Surse de stabilitate în cuplul românesc

Stabilitatea cuplului este greu de încadrat într-o structură generală. Diversitatea de a fi, de a se manifesta în cuplu, modalitatea diferită de manifestare funcțională, de distribuție a rolurilor conjugale și diferențele culturale sunt variabile dificile pentru a realiza o structură generală a stabilității vieții de cuplu. Vitalitatea unui relații maritale ține de prezența și consensul multor elemente din viața unui cuplu: funcționalitate, mediu cultural, formele în care au fost socializați, modelele parentale, aspirații, temperamente, capacitatea de interacțiune, toleranță, capacitatea de adaptare, de cooperare, de acceptare a statusului marital, a rolurilor conjugale etc.

Apreciind general, armonia familială poate fi înțeleasă din proximitatea emoțională dintre membrii ei, din capacitatea de comunicare, gradul de participare și cooperare la diferitele acțiuni sociale, congruența aspirațiilor, relația dependență – independență și de factorii exteriori care acționează individual sau asupra cuplului (Ghebrea, Matei, Mitrea, 1996, p. 351).

Poate că, prima sursă de stabilitate în viața unui cuplu la care ar trebui să ne gândim, ar fi gradul de cunoaștere reciprocă al partenerilor. Căsătoria nu înseamnă doar dorința de a se căsători a doi tineri ci, mai mult, ea implică și o perioadă suficient de mare de evaluare a partenerului. Înaintea deciziei maritale, partenerii ar trebui să cunoască felul de-a fi al celuilalt, modalitatea în care înțelege și se raportează la familie și la responsabilitățile sale, modalitatea în care își asumă rolurile, felul în care răspunde la nevoile emoționale, la cele de securitate, la necesitățile fizice, modalitatea în care este percepută distribuția resurselor, optica despre educația copiilor etc. Ar trebui să își evalueze reciproc nivelul de încredere, resursele de solidaritate construite în perioada premaritală, modalitatea de reacție în situații de stres etc.

General vorbind, unul dintre factorii cei mai importanți, atunci când vorbim de stabilitate maritală, este homogamia. Homogamia poate fi privit ca un concept general, o dimensiune extinsă care cuprinde o serie cât mai mare de elemente în armonie. Ea măsoară gradul de asemănare a partenerilor sub cât mai multe aspecte ale vieții: medii culturale, concepții de viață, nivel de educație, de trai, grad asemănător de aspirații, aceleași visuri, țeluri etc. Homogamia nu pretinde identitate dar merge pe premisa că, o asemănare cât mai mare între parteneri se oferă ca suport stabil de relaționare, de pretenție maritală și de stabilitate, în consecință. Gradul crescut de valori comune oferă cuplului posibilitatea de a crea un mediu intim cât mai profund din care partenerii își pot extrage energia de a se dezvolta, manifesta și echilibra reciproc.

Pe de altă parte, construirea treptată a unui mediu intim este esențială pentru o relație maritală stabilă. H. S. Kaplan consideră intimitatea acea sursă particulară a două persoane de a fi aproape sub aspect emoțional. Ea asigură motivațiilor fundamentale ale cuplului o sursă nelimitată de energie, o rezistență crescută la stres și o miraculoasă „imunitate" psihosocială. Intimitatea răspunde nevoilor de protecție, de acceptare necondiționată reciprocă și satisface nevoile de apartenență socio-afectivă, conferind partenerilor un reconfortant remediu împotriva neliniștei, temerilor pe care le-ar presupune singurătatea. (Mitrofan și Ciupercă, 1998, p. 250). Or, tocmai acestea atestă importanța cunoașterii cât mai mari a partenerului și necesitatea construirii unui mediu intim ca formă de aprofundare și fundamentare a funcției de solidaritate conjugală.

Valoarea pe care o conferă intimitatea vieții de cuplu constă în faptul că însăși realizarea ei presupune un grad superior de creștere a compatibilității care face posibilă apropierea tot mai mare dintre parteneri și, prin extensie, crearea unui spațiu comun care însumează elementele de încredere reciprocă, valorile cuplului, visurile sale, idealurile comune etc.

Ea răspunde nevoilor de protecție și acceptare necondiționată, satisface nevoia de apartenență socio-afectivă și devine o sursă nelimitată de energie, o rezistență crescută la stres și creează acea „imunitate psiho-socială". Ca efect, funcția de bază a intimității este dezanxietatea, consolidarea sentimentului acceptării de sine și confirmarea importanței și valorii fiecăruia pentru celălalt (I. Mitrofan, N. Mitrofan, 1996, p.152).

Trecerea de la o etapă la alta a unei relații trebuie să surprindă o creștere în intimitate iar această tranziție are nevoie de parcurgerea corectă a fiecărui stadiu din viața de cuplu. Acest lucru înseamnă că pentru fiecare etapă, diferențele și eventualele conflicte trebuie rezolvate la timp și nu amânate. Evaluarea parcurgerii succesive a stadiilor de intimitate poate fi expresia gradului de stabilitate a unui cuplu. Mergând pe schema lui Gary Smalley putem observa cinci stadii de intimitate care surprind cuplu de la prima sa fază de interacțiune până la cel mai profund nivel. Astfel, consideră autorul, primul stadiu îl reprezintă vorbirea „în clișee". Schimbul de clișee relaționale reprezintă prima etapă a interacțiunii cuplului care presupune vorbirea superficială, fără profunzime, momentul în care interlocutorii culeg primele informații despre celălalt și pun bazele necesare interacțiunilor ulterioare. A construi o discuție fără prea multe idei comune, fără experiența unor discuții anterioare pare destul de dificil pentru construirea unei conversații, motiv pentru care, partenerii preiau din experiențele sociale generale subiecte comune pe care, treptat încearcă să le personalizeze cu propriile idei, timp în care încep să se descopere. Această etapă reprezintă o primă fază de tatonare într-o relație. Al doilea stadiu de intimitate identificat de autor este stadiul „faptelor concrete" (Smalley, 2005, p. 21). Dincolo de perioada inițială când partenerii se evaluează și autoevaluează în raport cu celalalt, stadiul faptelor concrete reprezintă perioada în care partenerii dezvoltă o relație pe un minim de repere concrete, fixe. Astfel, comunicarea este mai eficientă, ea produce efecte mai precise iar conturarea elementelor comune le dă partenerilor posibilitatea de a relaționa la un nivel în care faptele și vorbele pot contribui real la creșterea calității și intimității relației lor. Fiecare persoană acționează pe baza semnificației pe care o au lucrurile pentru ea și din această cauză, a învăța să se asculte reciproc, a relaționa dincolo de stereotipuri și clișee devine strategia prin care crește nivelul de cunoaștere reciprocă (Mertens, 2004, p. 47).

Dacă la primele două niveluri, partenerii s-au cunoscut și, în baza informațiilor obținute au putut comunica la o anumită intensitate, stadiul al treilea al relației surprinde momentul „împărtășirii opiniilor", moment în care datele obținute anterior sunt sintetizate și trecute prin filtrul valoric personal. În baza acestei analize, a asemănărilor sau diferențelor, partenerii își împărtășesc opiniile, dorințele, idealurile, optica despre viaţă. Ele însele provoacă discuţii de consens sau de polemică şi, iată, stadiul al treilea de intimitate este perioada primelor confruntări reale cu părerile, trăirile şi optica de viaţă a celuilalt (Smalley, 2005, p. 23).

Facem precizarea că stadiul al treilea de intimitate este momentul în care opiniile diferite, divergenţa mesajelor poate fi generator şi de conflicte. Unele cupluri nu depăşesc acest nivel, iar evoluţia stadiilor de intimitate ne demonstrează încă o dată necesitatea unei perioade mai mari pentru relaţionare încât partenerii să aibe posibilitatea de a parcurge toate etapele de cunoaştere a partenerului. Stabilitatea maritală ţine şi de gradul în care partenerii şi-au însuşit aceste diferenţe despre celalalt, şi le asumă sau le nivelează într-un proces de negociere, de adaptare la celălalt sau de renunţare la vechile opinii şi atitudini socializate în mediile de origine.

În stadiul al patrulea partenerii îşi pot împărtăşi cele mai profunde şi autentice simţăminte. În baza unui sistem valoric propriu cuplului, construit, negociat şi adaptat în timp, ei devin mai solidari, gradul de intimitate creşte, creşte şi calitatea comunicării, creşte gradul de toleranţă şi de acceptare a celuilalt etc. Şi dacă stadiul al treilea este, de regula, unul cu nivel crescut de tensiune, datorită diferenţelor de opinii, credinţe, valori, stadiul împărtăşirii sentimentelor vine să dubleze confortul constuirii unui set comun de valori, adăugându-i sentimente şi un alt nivel de profunzime a intimităţii.

Ultimul stadiu identificat de autor este stadiul „împărtăşirii nevoilor”. Fiind ultimul stadiu, intensitatea emoţională este maximă, trăirile relaţiei ating nivelul de sus iar feed-back-ul cunoaşterii suficiente este concretizat în modalitatea în care un partener răspunde la nevoile celuilalt (Ibidem, p. 25).

În anul 1984, R. G. Sternberg şi S. Grajek evidenţiau în „teoria triunghiulară a dragostei” trei elemente de bază pentru fericirea cuplului conjugal: pasiunea (atracţie fizică, senzitivă şi sexuală), cunoaşterea de sine şi a celuilalt şi intimitatea. Însă, construirea intimităţii este cunoscută sub două forme: fuzională (o relaţie bazată pe interdependenţă, proprie stării de îndrăgostit) şi o intimitate matură (care permite individului manifestări independente, autonome). Intimitatea matură necesită o perioadă mai mare de timp în procesul de cunoaştere şi evaluare a unui potenţial partener (Mitrofan şi Ciupercă, 1998, p. 251). În acest context, perioada de cunoaştere reciprocă a partenerilor nu trebuie diminuată sub pretextul suficientei cunoaşteri deoarece, orientarea fuzională îşi centrează atenţia asupra erotismului, stărilor de bine resimţite de cei doi parteneri în primele faze ale stării de îndrăgostire, asupra emoţiilor reciproc create în această etapă a relaţiei, neglijând într-o oarecare măsură aspectele care ţin de evaluarea obiectivă a celuilalt. În aparenţă, partenerii pot crede că au ajuns la un nivel înalt de cunoaştere reciprocă însă, validarea acestei cunoaşteri se poate face cel mai bine în situaţiile concrete prin care trece un cuplu. În faţa provocărilor vieţii pot fi observate mai uşor orientările subiective, individualiste, modalitatea în care sunt gestionate stările de stres şi nevoile partenerului, gradul în care fiecare partener se dedică celuilalt etc. Situaţiile intempestive la care este supus un cuplu dar şi faptele concrete asociate diveselor situaţii devin experienţe comune care pot creşte nivelul de solidaritate al partenerilor, ele devin relevatoare de informaţii importante pentru fiecare dintre ei, pot evidenţia elemente divergente care ulterior să fie negociate în virtutea construirii unui set de valori comune, atât de necesare pentru o bună funcţionalitate a cuplului, aşadar, pentru un tip de intimitate şi iubire matură în care ceea ce este comun să nu mai intre în contradicţie cu opiniile, trăirile şi nevoile individuale de autonomie şi independenţă.

Comunicarea într-o relaţie este o acţiune dinamică şi complexă care ţine de foarte mulţi factori: tipul de relaţionare din familia de origine, tipul temperamental, abilitatea personală de relaţionare, mediul cultural, propriul sistem valoric, nivelul de integrare socială etc.

Am putea spune că acţiunea de a comunica este, mai degrabă o premisă de construire, aprofundare şi consolidare a unei relaţii şi mai puţin un motiv de disoluţie. Dacă, prin comunicare partenerii se pot cunoaşte, pot interacţiona, se pot evalua reciproc şi îşi pot rezolva problemele, lipsa comunicării apare, nu ca o cauză de disoluţie ci ca efect al acesteia. Comunicarea ineficientă nu lasă partenerilor posibilitatea unei bune cunoaşteri, ea nu lasă spaţiu pentru negociere şi pentru rezolvarea problemelor. O relaţie manifestă stabilitate atunci când comunicarea atinge un nivel care să le ofere partenerilor un minim de confort relaţional şi posibilitatea de a fi sinceri în împărtăşirea trăirilor, nevoilor, nemulţumirilor sau, dimpotrivă, a stărilor de fericire. Ea devine resursă principală în negocierea stărilor de nefericire şi stă la baza fiecărei etape care ajută cuplul să crească în armonie şi fericire.

Aşadar, lipsa de comunicare sau comunicarea ineficientă devine o cauză ulterioară sau o cauză a cauzei. Disfuncţiile în comunicare au la originea lor cauze primare de conflict precum: divergenţele culturale, gelozie, posesivitate, disfuncţionalităţi pe diferite niveluri de intimitate şi alte tipuri de motive conflictuale care generează aceste blocaje în comunicare.

Comunicarea este evidenţiată prin efectul de feedback. În baza informaţiilor transmise de emiţător, receptorul are reacţia de feedback. Astfel, partenerii au posibilitatea de a-şi observa reciproc reacţiile, chiar în timpul emiterii mesajului iar feedback-ul reprezintă modalitatea prin care emiţătorul înţelege efectele pe care le-a produs mesajul său asupra celuilalt (Anghel, 2005, p. 124). Este, de fapt, prima formă prin care partenerii se validează reciproc: opiniile unuia sunt evaluate şi validate prin reacţiile de feedback ale celuilalt. În cazul unor divergenţe, partenerul nu va primi feedback-ul dorit ci un set distinct de informaţii în acord cu părerile celuilalt; ele pot fi negociate în cazul unui tip eficient de comunicare în aşa fel încât să fie nivelate diferenţele de mentalitate dintre cei doi parteneri. Sinceritatea şi deschiderea către o comunicare eficientă ar trebui să reprezinte primele atitudini ale partenerilor deoarece, rezolvarea unor conflicte culturale prin comunicare se va transmite, ulterior, ca experienţe – resursă pentru rezolvarea tuturor problemelor care pot apărea în cuplu.

Importanţa comunicării pentru succesul unei relaţii nu mai trebuie demonstrată. Relaţia depinde de comunicare, de capacitatea interacţională a partenerilor; ea iniţiază, dezvoltă şi întăreşte legătura dintre parteneri, oferă date despre ei şi este instrumentul de bază în toate acţiunile cuplului. Cu toate acestea, abilitatea de a comunica eficient, în ideea unei relaţii de succes, presupune un proces lung de socializare între parteneri deoarece, prin efectele pe care le poate produce, comunicarea este un proces cu două tăişuri. Pe de o parte, deficienţele comunicării au ca rezultat slaba cunoaştere a partenerilor, fapt care poate determina dificultăţi de coordonare a vieţii de cuplu iar, pe de altă parte, comunicarea extensivă, bogată, poate constitui o sursă de neînţelegeri şi dezacorduri care pot degenera în conflicte (Milcu, 2005, p. 75).

Comunicarea eficientă reprezintă o acţiune comună a partenerilor, un lung proces de tatonare reciprocă, un proces în care fiecare trebuie să contribuie, conştientizând limitele celuilalt dar şi nevoile sale de interacţiune. Ea nu are un standard fix, tocmai datorită varietăţii de a fi, datorită particularităţilor de tip cultural sau de manifestare psihologică, datorită „firului" care leagă emiţătorul de receptor etc.

61

Dimensiunea, dinamica și limitele ei se învață de către parteneri în timp și poate deveni cheia succesului relațional, în condițiile în care, folosirea corectă a comunicării, poate fi instrumentul prin care potențiale probleme își găsesc rezolvarea în timp util. Divergența dintre idei nu trebuie privită ca o problemă de cuplu sau un eșec atunci când abilitățile de comunicare au atins standardul la care conflictul nu mai este privit decât ca un element care scoate la iveală două diferențe ce trebuie rezolvate în acest proces al interacțiunii reciproce.

Dintr-o altă perspectivă, căsătoria presupune asumarea unui set de responsabilități, a unor roluri conjugale, presupune orientarea către partener, către viața de cuplu iar conștientizarea acestora devine o sursă de stabilitate. Dacă în spațiul clasic tradițional, asumarea responsabilităților căsătoriei era un set fix de reguli impuse de comunitate și acceptat necondiționat de tineri, spațiul social al lumii moderne nu mai oferă o structură fixă ci una flexibilă, construită, de regulă, de ambii parteneri. Cu toate acestea, structura funcțională a unei familii implică aceleași aspecte economice, biologice, de socializare și, desigur, de solidaritate, diferențele apărând în ceea ce privește percepția lor, asumarea și modalitatea de acțiune funcțională. Acceptarea rolurilor familiei trebuie să țină cont de aceste responsabilități care asigură vitalitatea și funcționalitatea familiei. Socializarea primită în mediile de proveniență contribuie mult la conturarea modelului cultural de manifestare maritală. Asumarea unidirecțională a responsabilităților economice poate fi una de succes doar dacă celălalt partener acceptă acest lucru și suplinește cu alte roluri, efortul acestuia. Asumarea concertată a funcției economice trebuie evaluată în context pentru a nu ajunge o sursă de tensiune datorită unei potențiale competiții dintre parteneri.

Nuclearitatea a redus mult numărul de membri într-o familie și a creat un spațiu de intimitate, costruind o formă sensibilă de disociere între familia nucleară și familia lărgită. De la regulile patriarhale la regulile personale ale cuplului, evoluția modelelor familiale a dus și la o mai evidentă a familiilor fără descendenți. Apreciind necesitatea și valoarea copiilor în viața unui cuplu putem spune că ei pot reprezenta una dintre sursele de stabilitate maritală, un motiv în plus de solidaritate și o element în plus care stimulează încă o dată asumarea rolurilor. Dar, de la aspectele generale ale vieții de cuplu la cele particulare, optica și prioritățile pot fi diferite. Dacă pentru unii parteneri, copiii reprezintă un scop, o mare dorință și o modalitate de aprofundare a solidarității, pentru alte cupluri, prezența copiilor poate fi o sursă de conflict, dacă unul dintre ei nu și-i dorește. De aceea, cunoașterea reciprocă a partenerilor pe fiecare stadiu de intimitate oferă informații prețioase în ceea ce privește decizia maritală.

Un alt factor de stabilitate maritală este și sexualitatea. Relațiile intime dintre parteneri reprezintă cel mai profund mod de manifestare intimă. Dăruirea reciprocă a partenerilor, intensitatea emoțională și fizică precum și iubirea reciprocă a lor reprezintă un factor important de stabilitate maritală. Ca act intim, acreditat și de Biserică, sexualitatea maritală reprezintă o modalitate de exprimare fizică a sentimentelor dintre parteneri. Privită în profunzimea sa, sexualitatea apare ca cel mai intim răspuns la nevoile emoționale și fizice, ca o vie dovadă de dragoste dintre parteneri.

În acest context psiho-social, „ființa iubită apare ca o bogăție inepuizabilă: ea este necunoscutul, inepuizabilul, neașteptatul, cea căreia partenerul nu-i poate sesiza totalitatea nici măcar o dată cu trecerea timpului. Pentru partener, ființa iubită devine singulară, unică, ireductibilă. Este ca și cum fiecare și-ar găsi propria identitate în același timp în care o descoperă pe a celuilalt" (Roussel, 1989, p. 115).

Această intensitate a trăirii unei relații nu poate decât să asigure vitalitatea într-un cuplu. Or, aceste trăiri presupun o bună cunoaştere între parteneri, conştientizarea limitelor, a particularităţilor partenerilor, a mediului cultural de provenienţă şi a altor aspecte care să ducă la o înţelegere cât mai bună dintre ei. Iubirea nu apare ca un produs personal ci ca unul în colaborare cu celalalt. Iubirea este, aşadar, o *sinteză* de factori care însumează o serie de elemente care sunt sau devin comune cuplului. Ea este „creaţia comună a două personalităţi, una prin intermediul celeilalte, un mod autentic de a fi unul cu celalalt, unul prin celalalt şi unul pentru celalalt" (I. Mitrofan, N. Mitrofan, 1996, p. 105).

Iubirea conjugală este o manifestare cu un grad profund de intimitate care apare cu mult mai multă evidenţă în familia modernă. Structura tradiţională în care părinţii stabileau detaliile căsătoriei (partenerul / partenera, data nunţii, condiţii materiale ale tranzacţiei maritale etc.) lăsa mai puţin loc dragostei. Această diferenţă culturală nu a fost o sursă de conflict marital în spaţiul tradiţional. Cu un comportament orientat către scopuri, cu o atitudine strict funcţională, familia tradiţională şi-a alimentat stabilitatea din gradul de îndeplinire a funcţiilor familiei. Iubirea conjugală apare pe fondul creşterii gradului de intimitate dintre parteneri, a gradului de independenţă care să le permită accesul direct către partenerul dorit, către regulile stabilite mutual de către ei, fără influenţa imperativă a familiilor de origine sau a cutumelor.

Aprecierile statistice asupra iubirii ca factor de stabilitate maritală ar trebui să fie realizate cu o deosebită atenţie. Ca de altfel multe valori moderne care arată egalitatea conjugală, „iubirea" are o serie de fluctuaţii mai greu de contabilizat sociologic.

De altfel, multe studii asupra valorilor familiei arată o fluctuaţie valorică relativă – decalajul dintre declaraţie şi faptele concrete. Anumite valori conjugale sunt declarate de tineri într-o formă stereotipizată, ca răspunsuri – clişeu la care, faptic, doar unii subscriu real. În foarte multe studii, ideea egalităţii are o pondere foarte mare atunci când este vorba de relaţiile de cuplu însă, o analiză punctuală în ceea ce priveşte funcţionalitatea şi structura de rol arată încă prezenţa mai mică sau mai mare a unor pattern-uri specifice ierarhiei tradiţionale. În general, sondajele arată o scădere a iubirii odată cu înaintarea în vârstă. De asemenea, odată cu creşterea vârstei cresc valorile de încredere, sprijin reciproc, înţelegere şi respect. Să credem că iubirea este înlocuită cu pragmatismul? Că instituţia căsătoriei este mediul în care iubirea este înlocuită treptat cu obişnuinţa sau rutina? Că pragmatismul şi orientarea strict funcţională înlocuiesc aspectele emoţionale, trăirile autentice şi iubirea profundă? Categoric, nu! Ceea ce ar trebui interpretat permanent ar fi tocmai aceste elemente care atestă prezenţa iubirii: încredere, respect, sprijin emoţional şi fizic, înţelegere, valori care nu pot fi înţelese în afara iubirii. Că ceea ce este denumit de către tineri, generic şi greu de cuantificat – iubire – pentru soţii cu experienţă de viaţă, aprecierile sunt mult mai punctuale, mai concrete şi îmbracă sentimentul iubirii în valori cuantificabile (respect, încredere, sprijin emoţional etc.).

2.3. Atitudini în schimbare faţă de căsătorie

Procesul de modernizare a instituţiei familiale aduce, pe de o parte, schimbări importante la nivel societal, iar pe de altă parte, transformarea structurii familiale şi o reorientare a modului de trai. Totodată, se configurează o nouă ordine socială şi o nouă structură socială pe bazele cărora apar noi stiluri de viaţă. Creşterea vârstei la căsătorie datorită şcolarităţii prelungite şi carierei, schimbările permanente ale lumii moderne au făcut ca structura familială să nu mai aibă valorile conservatoare pe care le-a cunoscut familia în perioada ei clasică. În acest sens, societatea actuală cunoaşte

„o fluctuaţie valorică de la principiile familiale de tip tradiţional până la tendinţele tot mai evidente ale postmodernităţii" (Voinea, 2008, p.95). Prin urmare, modernizarea instituţiei familiale reprezintă „un proces de adaptare la schimbările produse de revoluţia industrială, de revoluţiile politice, dar şi un participant activ la schimbare, cu rol esenţial în cristalizarea valorilor comportamentale moderne" (Popescu, 2009, p.29).

De-a lungul secolelor, modelul căsătoriei s-a caracterizat mult timp, printre altele, printr-o vârstă înaintată a celor care se căsătoreau: „aceştia erau adulţi, stăpâni pe propria voinţă, cel puţin teoretic, nu copii căsătoriţi de părinţii lor" (Hajnal, 1965, p.102). Mult timp, sociologii au afirmat că un asemenea model a fost rezultatul industrializării. Cu toate acestea, „această invenţie culturală a Occidentului" se pare că datează de mai mult timp, Paul Veyne demonstrând ascensiunea „sentimentului de cuplu" încă din primul secol al erei noastre (Veyne, 1984, pp.47-48). Apoi, biserica a iniţiat un proces îndelungat asupra sistemelor de parentalitate şi, creştinând masele, a impus consimţământul reciproc al soţilor şi a insistat pe „affectio" (Goody, 1986, p.127). Aşadar, individualismul contemporan are surse îndepărtate.

Încă din Evul Mediu, când religia şi moralitatea aveau o importanţă semnificativă, căsătoria este fondată pe un drept ce reglementa sexualitatea. De-a lungul câtorva decenii, acest model s-a transformat radical şi, deşi căsătoria semnifică un „act legal", dar şi „viaţă conjugală", în viaţa de cuplu se observă totuşi schimbări majore. Căsătoria rămâne totuşi o instituţie, prin faptul că ea constituie „cheia de boltă a reproducerii sociale; ea este un regulator în societăţile în care contracepţia este necunoscută" (Segalen, 2011, p.113). Astfel, femeia este în acest caz, pilonul principal: „prin căsătorie, ea aspiră la statutul de adult, câştigând dreptul la fecunditate; riturile pun în valoare transformările sociale pe care ea le va cunoaşte şi o susţin în delicata trecere de la statutul de fată la cel de femeie măritată" (ibidem). În rândul tinerelor femei există o „dorinţă de autonomie şi realizare de sine, atât prin muncă, cât şi prin familie", precum şi „valorizarea riscului, a frământărilor şi a schimbării" (Wilkinson, 2000, p.85). Ca atare, libertatea de muncă a femeilor şi controlul propriei lor reproduceri, libertatea mobilităţii şi libertatea de a-şi defini propriul stil de viaţă determină o mai mare deschidere, generozitate şi toleranţă, dar ele pot produce şi „un individualism îngust, egoist şi fără încredere în ceilalţi" (Giddens, 2010, p.225).

Ca instituţie, căsătoria şi-a pierdut mult din sensurile sale legale, religioase şi sociale, precum şi din autoritate. În acest sens, „idealurile timpurii ale iluminismului despre căsătorie, văzută ca o uniune contractuală permanentă, creată din nevoia de dragoste reciprocă, procrere şi protecţie lasă loc uşor unei noi realităţi a mariajului, potrivit ca <<un contract sexual terminal>>, elaborat pentru plăcerea părţilor individuale" (Witte, 1997, p.53). Astfel, s-a irosit într-o „relaţie de cuplu" creată în special pentru plăcerea sexuală şi emoţională a fiecărui adult. S-au schimbat şi mentalităţile: concubinajul, naşterile în afara căsătoriei şi divorţurile nu mai sunt condamnate de societate, „ele intrând mai degrabă în banalitatea cotidianului" (Druţă, 1998, p.80). Cu alte cuvinte, a dispărut controlul social prin care o anumită normă se impune în societate. Mai mult decât atât, anumite elite par să creadă că sprijinirea căsătoriei este sinonimă cu „discriminarea părinţilor singuri şi tolerarea violenţei domestice" (Băran-Pescaru, 2004, p.69). Aceasta se întâmplă, din cauza faptului că în ziua de azi, când oamenii se căsătoresc intră într-o uniune ce pare foarte diferită de cea în care intraseră părinţii sau bunicii lor. A te căsători sau nu reprezintă „o chestiune de ordin personal, în care societatea se amestecă foarte puţin sau deloc" (Druţă, 1998, p.81).

În secolul al XX-lea, predominanţa familiei tradiţionale a fost constant erodată în majoritatea societăţilor industriale, astfel încât există o mare diversitate de modele familiale. Căsătoria nu mai este baza definitorie a unei uniuni între doi oameni. Coabitarea a devenit mai răspândită în majoritatea ţărilor industriale. Homosexualii şi lesbienele sunt din ce în ce mai capabili să trăiască laolaltă în cupluri pe măsură ce atitudinile faţă de homosexualitate devin mai relaxate. În unele situaţii, cuplurile homosexuale au câştigat dreptul de a fi definite ca familii. Prin urmare, „motivele existenţei anumitor obiceiuri familiale nu sunt la fel de importante ca implicaţiile pe care le au diversele modele familiale asupra altor aspecte ale vieţii sociale" (Băran-Pescaru, 2004, p.83). De pildă, când într-o societate familiile extinse sunt înlocuite de cele nucleare, trebuie avut în vedere cui îi sunt atribuite responsabilităţile de îngrijire ale celor mai în vârstă. De asemenea, când creşte numărul familiilor monoparentale, precum şi al celor de tip nuclear în care ambii părinţi muncesc, problemele legate de îngrijirea zilnică a copiilor devin din ce în ce mai acute, atât pentru părinţi, pentru copiii lor cât şi pentru angajatori. Zonabend consideră că: „Nu este încă posibil să afirmăm, nici chiar azi, de ce o anume societate a adoptat o anumită soluţie în locul alteia" (Zonabend, 1996, p.35).

Au fost identificate eventuale soluţii de revigorare „a culturii mariajului" şi au propus societăţii civile anumite direcţii:

- „Să se susţină căsătoria, nu doar printr-o atitudine neutră. De pe urma unor căsnicii reuşite beneficiază întreaga comunitate. Astfel, dacă eşuează căsătoriile, sunt generate costuri personale şi publice uriaşe.
- Să se respecte statutul social al mariajului. Să nu extindem beneficiile căsătoriei la cupluri care s-ar putea căsători, dar nu aleg să o facă. Oferindu-le celor

ce trăiesc în concubinaj toate facilitățile unui cuplu
căsătorit diminuăm într-un mod necinstit opțiunea
pentru căsătorie.

- Să se refacă legătura dintre căsătorie și nașterea
copiilor. Să nu descurajăm cuplurile căsătorite în a
avea copii și să încurajăm tinerii să aștepte momentul
potrivit pentru a avea copiii, adică doar atunci când și-
au format mariaje solide.
- Să nu se descurajeze interdependența maritală.
Cuplurile ar trebui să decidă de comun acord cum își
împart responsabilitățile, fără presiuni din partea
politicilor de discriminare a celor care stau acasă
pentru a avea grijă de copii.
- Să se promoveze ideea de permanență a cuplului
căsătorit și să se încurajeze aspirația de întemeiere a
unui cămin" (Ditch, Barnes și Bradshaw, 1996, p.76).

Prin soluțiile prezentate anterior, se sugerează faptul
că pentru cuplurile căsătorite se recomandă ca acestea să se
concentreze asupra angajamentului luat la începutul căsătoriei.
La o privire de ansamblu, tendințele pe termen lung ilustrează
o diminuare constantă a imaginii căsătoriei, din cauza
transformărilor economice, sociale și morale. Se observă
scăderea semnificației acordată actului căsătoriei însoțită de
impunerea unor modele alternative de viață, precum
coabitarea consensuală, celibatul, căsătoriile fără copii sau
menaje monoparentale. De asemenea, fenomenul
divorțialității este în creștere, reducându-se durata medie a
căsătoriei. Așadar, „societatea contemporană reduce continuu
posibilitatea unor relații interpersonale de durată și cu
implicare mai adâncă, datorită diversității rolurilor" (Mitrofan
și Ciupercă, 1998, p.187).

Teoretic, fiecare se poate căsători cu oricine. Totuși
alegerea soțului nu este una liberă. Mediile sociale continuă să
se reproducă în interiorul lor. Unele anchete americane au

69

demonstrat deja următorul fapt: „Căsătoriile alătură soți cu aceeași origine geografică, în ciuda mobilității ce a caracterizat industrializarea" (Catton și Smircich, 1964, p.523). General vorbind, unul dintre factorii cei mai importanți, atunci când vorbim de stabilitate maritală, este homogamia, care măsoară gradul de asemănare al partenerilor sub cât mai multe aspecte ale vieții: medii culturale, concepții de viață, nivel de educație, de trai, grad asemănător de aspirații, aceleași visuri, țeluri. (Apostu, 2015, p.106). Prin urmare, homogamia presupune un suport stabil de relaționare și de stabilitate maritală. Alain Girard explică procesul social prin care indivizi, ce aparțin aceluiași mediu, se află în situația de a se întâlni. În acest sens, el explică faptul că „în ciuda unui liberalism de principiu care iese la iveală în conștiința colectivă, există un sentiment foarte profund, ce are legătură cu starea de fapt și o sancționează. Structurile și formele vieții sociale aduc față în față indivizi din același mediu. Există mai multe șanse ca soțul să fie ales din rândul persoanelor din același mediu" (Girard, 2012, p.198). Așadar, strategiile parentale tenace de altădată au fost înlocuite cu alegerile individuale, bazate pe criterii private.

În societățile arhaice, raporturile dintre soț și soție se întemeiau foarte puțin pe dragoste, însă, în mod deosebit pe respect. Căsătoria se încheia pe considerente de ordin social și material, iar alegerea partenerului de viață era făcută exclusiv de părinți, care aveau grijă ca viitorul partener să corespundă posibilităților de a spori averea și de a asigura supraviețuirea familiei. Astfel, la baza unei căsătorii stăteau interesele celor două familii care se uneau și nu sentimentele de afecțiune și libera alegere a viitorilor soți. Totodată, în imaginea tradițională, „căsătoria era considerată sfântă" (Apostu, 2015, p.80). Relațiile afectiv-sexuale erau dominate de influența bisericii, acestea fiind restricționate în anumite perioade. De asemenea, biserica interzicea căsătoria făcută în scop de plăcere sexuală, aceasta fiind justificată doar pentru procreere:

„Nunta tinerilor avea o valoare foarte mare, fiind considerată o trecere de la profan la sacru, care dă putință omului să creeze el însuși. La acest dar, fata și feciorul puteau să ajungă în timpul nunții prin actele de consacrare. Fără ceremonialul nunții, procreerea, deci deschiderea unui nou ciclu vital, s-ar fi redus la o împerechere obișnuită comună tuturor viețuitoarelor" (Ghinoiu, 1999, p.137).

Căsătoriile de astăzi celebrează cu totul altceva. Riturile matrimoniale nu pot fi învestite cu sensurile pe care le aveau atunci când soții căpătau prin căsătorie statutul de adult: „Rezultate ale voinței tinerilor protagoniști care au ajuns de mult timp la noi stadii, dobândite cândva prin căsătorie – rezidență, sexualitate, procreere –, aceste căsătorii sunt expresia unui compromis între cuplu și constelația familială" (Segalen, 2011, p.127). Căsătoria pierde mult din importanța sa socială și din semnificația ritualului: nu mai reprezintă un mod de a trece de la adolescență la viața de adult și nici nu mai poate fi asociată cu perioada primului contact sexual pentru tinerele femei. În secolul XXI, ca urmare a procesului de industrializare, căsătoria presupune noi caracteristici cu privire la modul de desfășurare. Practic, tradițiile nunții nu dispar ci se înlocuiesc, se actualizează, se standardizează și uneori, devine „simbolic imperativă". Invitații au așteptări conform noilor practici, se conformează lor și apreciază succesul petrecerii și prin perspectiva acestor noi tradiții. Timp de câteva luni și chiar cu un an înainte, mirii pregătesc o petrecere care să-i reprezinte, dându-i căsătoriei aparența unui spectacol, toată inventivitatea fiind pusă în joc. De-a lungul ultimilor ani au apărut obiceiuri noi: furatul miresei, numărul mare de nași în anumite comunități, semn al bunăstării sau al unei poziții sociale crescute, cadouri pentru nași, mărturii, șampania oferită în cinstea invitaților, fotografii personalizate, înregistrarea pe DVD a unei petreceri a cărei amintire va trebui conservată. Astfel, costul nunții este foarte ridicat, iar

71

unele cupluri tinere preferă uneori să renunțe la acest eveniment, făcând o nuntă mică, dacă prioritățile lor economice sunt altele. Totodată, spre deosebire de perioada tradițională, mirii nu mai simt presiunea impunerilor maritale, tinerii organizându-și singuri petrecerea, alegându-și nașii și prietenii pe care doresc să îi aibă alături, pentru că în foarte multe cazuri ei sunt cei care își asumă cheltuielile. Căsătoria unește adulți, deseori deveniți părinți, care au ales liber să își facă legătura cunoscută.

Importanța sentimentelor în selecția maritală schimbă optica relațiilor dintre parteneri. Ca urmare a divizării familiei extinse, ne confruntăm cu o „scădere a autorității bătrânilor deoarece, valorizarea tot mai mare a sentimentului a făcut să crească și nevoia de intimitate" (Apostu, 2015, p.88). În acest sens, sentimentele cer și un spațiu intim mai bine definit decât în mediul tradițional. Mai mult, se dorește libertatea personală în alegerea partenerului, un nivel mai mare de confort, de independență și, desigur, un grad redus de implicare a familiei lărgite. Așadar, printre alegerile oferite cuplurilor, având în vedere „aspectele sale sociale și simbolice", precum și faptul că evenimentul este făcut cunoscut, „căsătoria se situează încă în vârful piramidei" (Segalen, 2011, p.128).

Cu toate că modelele familiei sunt foarte diferite de la o societatea la alta și tind să se schimbe ca replică la noile evenimente sociale, intituția familiei rămâne extrem de stabilă, continuând să fie „una dintre instituțiile fundamentale și foarte importante ale societății, rezistând eforturilor concertate ale unor grupuri puternice care doresc să o schimbe în mod radical" (Băran-Pescaru, 2004, p.83). Așadar, societatea contemporană indică faptul că individul se îndreaptă tot mai clar către un stil de viață bazat pe „o relativă izolare față de restul semenilor, impunând între el și aceștia o anume distanță" (Mitrofan și Ciupercă, 1998, p.186). Astăzi, căsătoria nu mai reprezintă o etapă clar definită din viața de

adult. Mulţi locuiesc împreună, se căsătoresc târziu, renunţă la
căsătorie cu destulă uşurinţă şi, tot mai frecvent, aleg să
trăiască împreună înainte de a se căsători, după căsătorie, între
căsnicii şi chiar ca o alternativă la mariaj.

2.4. Căsătoria modernă – de la căsătoria din dragoste la dragostea fără căsătorie

Instituţia familiei cunoaşte o gamă variată de
schimbări care au determinat apariţia unor noi tipuri de
convieţuire maritală, ce au făcut necesară o reevaluare a
funcţiilor tradiţionale. În acest spirit se remarcă faptul că
„evoluţia tipurilor de familie de la o formă la alta, de la ideea
clasică de familie la alternativele maritale în care regula proprie
primează celei general acceptate sau *acreditate* social, cere cu
necesitate o prezentare succintă a evoluţiei elementelor de
bază care marchează această tranziţie" (Apostu, 2015, p.145).
Cu alte cuvinte, imaginea familiei a fost dublată de apariţia
unor forme alternative, ce oferă libertate diversităţii de
manifestare maritală. Asistăm la o redefinire a relaţiei
privat/public, precum şi la o convertire a statutelor sociale
aferente bărbaţilor şi femeilor.

Odinioară, căsătoria a fost temeiul definitoriu al unei
uniuni între doi oameni. Oamenii obişnuiau să se căsătorească
nu doar din dragoste, dar şi din motive economice şi familiale.
Totodată, dacă pasiunea dispărea în timpul căsniciei, nu era
considerat un motiv suficient pentru o despărţire: „Un divorţ
era foarte greu, dacă nu imposibil de obţinut, iar cei care luau
această decizie erau stigmatizaţi de societate" (Băran-Pescaru,
2004, p.91). Astăzi, lucrurile stau cu totul altfel. Tot mai multe
cupluri aflate în relaţii pe termen lung aleg să nu se mai
căsătorească, dar locuiesc şi îşi cresc copiii împreună.
Căsătoria este considerată din ce în ce mai mult ca fiind o
simplă formalitate – „un act de comoditate socială" (Segalen,

2011, p.121). Complet conștienți de această nouă fragilitate a mariajului, partenerii au început să își ia măsuri de precauție. Atitudinea indivizilor este de a încerca mai întâi și de a se asigura dacă funcționează relația sau de a încerca să minimizeze urmările nefaste ale despărțirii prin instituirea unei uniuni mai puțin complicate, una care să evite conceptul de căsătorie și, prin aceasta, pe cel de divorț (Băran-Pescaru, 2004, p.92). Pentru tinerii din ziua de azi, a locui împreună pare o bună modalitate de a beneficia de câteva dintre avantajele mariajului și de a evita riscul divorțului. În acest sens, ca scop al schimbării sociale, putem spera la „limitarea coabitării la modalități care să reducă la minimum efectele negative asupra mariajului" (ibidem, p.86). Cuplurile care conviețuiesc își pot împărți cheltuielile și pot învăța mai multe unul despre celălalt. De asemenea, pot afla dacă partenerul lor este pregătit pentru a se căsători. Cu toate acestea, dacă relația devine disfuncțională, despărțirea este ușor de înfăptuit, cuplurile de acest fel neavând nevoie de permisiunea legală sau religioasă pentru a-și încheia relația.

În anii `50 - `70, căsătoria considera că iubirea și uniunea legală sunt complementare. Astfel, Segalen susține că atracția personală rămânea „singura justificare a căsătoriei", chiar dacă făcea „casă bună cu fenomenele ce țineau de homogamie" (Segalen, 2011, p.122). De asemenea, dragostea dintre parteneri reprezintă sentimentul ce anticipează căsătoria și constituirea familiei: „Mariajul este cea mai convenabilă cale și singura acceptată legal prin care o persoană poate să-și manifeste iubirea față de o altă persoană" (Voinea, 2005, p.91). Cu toate acestea, prețuirea sentimentului de iubire începe să intre în conflict cu instituția matrimonială și cu perenitatea sa, astfel încât acest nou tip de iubire se carcaterizează prin faptul că „este absolută și destinată efemerului" (Roussel, 1983, p.94). Prin urmare, refuzul căsătoriei presupune „refuzul de a supune relația de cuplu altor forțe decât cea a sentimentelor" (ibidem). În secolul XXI, iubirea devine o condiție esențială în viața privată, iar amestecul statului pare de neconceput. Cuplurile tinere se formează „în jurul sentimentul de dragoste și a relațiilor interpersonale înainte de a se gândi la întemeierea și instalarea menajului" (Kaufmann, 1992, p.25). Așadar, pentru unii tineri, decizia de a locui împreună vine atunci când aceștia încep să meargă unul pe celălalt și, la un moment dat, coabitarea devine evidentă.

În ceea ce privește viața de cuplu, așteptările sunt multiple: afective, sexuale, materiale. Astfel, ele nu permit tranzacția, ceea ce explică și numărul divorțurilor, precum și cel al uniunilor libere. Nevoia de dragoste, de afecțiune reprezintă un factor motivațional în ceea ce privește întemeierea unui cuplu. Fiind un sentiment complex, cu o puternică dimensiune erotică asigură „o relație continuă ce acționează ca un amortizor împotriva presiunilor și tensiunilor vieții cotidiene" (Voinea, 2005, p.91). Dragostea dintre parteneri se resimte în relațiile acestora din viața socială. În acest sens, prin iubire se înțelege procesul prin care oamenii își satisfac o varietate de nevoi sociale și emoționale: „Iubirea este sentimentul, simțirea pentru o altă persoană care te acompaniază în dorința și impulsul de a fi intim pe orice cale fizică, emoțională, intelectuală cu persoana iubită" (Fromm, 2006, p.12). În dragoste se dezvoltă norme de comportament pentru ambii parteneri. De exemplu, persoana iubită nu trebuie să-și arate dorința, afecțiunea decât înspre iubit. Pentru Fromm, dragostea are patru mari componente: *grijă* – „atenția pe care o acorzi celui de care ești îndrăgostit", *responsabilitate* – „abilitatea de a răspunde la nevoile celuilalt ca fiind propriile nevoi", *respect* – „te face să-i vezi pe ceilalți așa cum sunt și să le accepți calitățile și defectele" și *recunoaștere* – „motivația spre înțelegerea sentimentelor, a percepțiilor, a nevoilor sau a temerilor celuilalt" (ibidem, p.25). Cu alte cuvinte, putem considera că alături de sentimentele de dragoste, de respect și încredere reciprocă, partenerii de cuplu sunt uniți de aspirații și interese comune ceea ce îi conduc spre armonie.

Astăzi, ne confruntăm din ce în ce mai des cu „alegerea temporarului": „În locul noțiunii de „cuplu fuzional din anii `60, al cărui scop era durata, apare alegerea temporarului" (Segalen, 2011, p.121). Dragostea nu este o etapă necesară căsătoriei întrucât, partenerii de cuplu nu se angajează în prietenii și mari iubiri fiindcă vor să se căsătorească. Mai degrabă, se căsătoresc ca urmare a trăirii unor astfel de experiențe. Așadar, „ca raport cauzal, nu dragostea și prietenia sunt efectul anticipatei uniunii conjugale, ci aceasta din urmă rezultă din dragoste și prietenie" (Iluț, 2005, p.118). În acest sens, concubinajul devine o bună alternativă la nivelul dorințelor împărtășite de tineri: „Desfacerea legăturii pe care o presupune căsătoria sau concubinajul ar trebui luată în calcul încă din momentul când s-au pus bazele uniunii, ca fiind cel mai bun mijloc de a apăra iubirea și autonomia soților" (Segalen, 2011, p.123). Prin urmare, cei care coabitează, se căsătoresc și divorțează au o concepție diferită în ceea ce privește sentimentul de iubire în comparație cu cea a cuplurilor care trăiesc conform unui angajament îndelungat: „Coabitarea încurajează dragostea și primatul relației amoroase, însă revendică și autonomia individului, pentru care ideea de cuplu nu trebuie să constituie o constrângere" (Singly, 1986, p.55).

Apariția și extinderea concubinajului au fost atribuite revoluției sexuale, care „a anulat într-o anumită măsură stigmatizarea coabitării" (Băran-Pescaru, 2004, p.91). În ultimii ani, odată cu apariția metodelor contraceptive eficiente și a permisivității sexuale, relațiile intime premaritale au devenit tot mai acceptate. Legitimitatea uniunii consensuale pe temeiul unei largi reprezentativități în rândul generațiilor tinere, pare să *acrediteze* tot mai mult sexualitatea în afara mariajului clasic (Apostu, 2015, p.152). Conform studiilor, una dintre principalele motivații ale concubinajului este sexualitatea. În acest sens, „societatea și-a sporit permisivitatea pentru sexualitatea nonmaritală în general, chiar și pentru cea extramaritală, deși aici în mult mai mică măsură, adulterul fiind sancționat și legal" (Iluț, 2005, p.205).

Foarte multe persoane, deși nu se căsătoresc, nu trăiesc singure, ci conviețuiesc cu un partener. Pe lângă relații sexuale și afective, aceștia gospodăresc împreună: „Tinerii care încep astăzi să locuiască împreună nu au ideea de a-și întemeia un cămin, ei îl construiesc înaintea acestei idei" (Kaufmann, 1992, p.27). De altfel, pentru multe cupluri, coabitarea este programatic aleasă în vederea viitorului mariaj. E adevărat că acest gen de coabitări sunt mai puțin stabile și ocazionale. În acest sens, în cercetările realizate de Macklin sunt invocate suficiente argumente precum ideea potrivit căreia „coabitările care nu se finalizează prin căsătorie și chiar cele ce au fost construite deliberat nonmarital sunt mai degrabă alternative la singurătate, cu tot cortegiul ei de nevoi materiale, sociale, psiho-emoționale, decât la căsătoria oficială" (Macklin, 1987, p.317). Luând în considerare coabitările ca alternativă permanentă la căsătorie, cele în care „a trăi împreună este o alternativă acceptabilă pentru cei care resping mariajul tradițional" (Strong, DeVault și Sayad, 1998, p.194), observăm că societatea a devenit mai permisivă, ceea ce a condus la creșterea ratei divorțialității și a celibatului. Multe cupluri se angajează într-o relație de durată fără intenția de a se căsători. Totodată, printre motivele pentru care indivizii se angajează în coabitare se numără și școlaritatea prelungită, care a făcut să crească mult vârsta biologică a tinerilor, precum și necesitatea satisfacerii unor nevoi, în particular a celor sexuale. În această calitate, coabitarea ar fi „un potențial contributor la stabilitatea viitoarei căsnicii, pe de o parte pentru că prelungirea vârstei la căsătorie determină o probabilitate mai mică de divorț, iar pe de altă parte, *a sta împreună* dă posibilitate celor doi să-și verifice compatibilitatea" (Iluț, 2005, p.202). Astfel, cu deosebire în timpul colegiului sau al universității, cei doi parteneri se ajută nu numai în menaj, ci și în domeniul profesional. Mulți tineri trăiesc împreună necăsătoriți din cauza locuinței.

Imaginea oferită de teoria schimbului și a costurilor și beneficiilor cu privire la dragoste și hotărârea de căsătorie este reprezentată de partenerii care „vin pe piață făcând calcule de rentabilitate, caută informații pertinente și aleg în final o variantă maritală optimă" (Iluț, 2005, p.118). Astfel, atât studiile empirice, cât și realitatea din zilele noastre ne arată că pentru cei mai mulți tineri coabitarea reprezintă o practică tot mai întâlnită întrucât, oferă posibilitatea cunoașterii partenerului înaintea oficializării unui eventual mariaj. Din punct de vedere sociologic, nimic nu îi distinge pe cei care sunt căsătoriți de cei care nu sunt: „Concubinajul nu se deosebește foarte mult de familia nucleară, deoarece realizează majoritatea funcțiilor și se confruntă cu aceleași probleme ca și cuplurile căsătorite" (Mihăilescu, 1999, p.96). Relația de cuplu este întemeiată pe baze romantice, având o puternică încărcătură emoțională. În acest sens, asigurarea „intimității și reglementarea sexualității sunt aspecte care apropie foarte mult cuplul consensual de cel căsătorit" (Popescu, 2009, p.110). Cu toate acestea, există și aspecte prin care cuplurile consensuale se deosebesc de cele căsătorite, cum ar fi „negocierea muncilor casnice": „Coabitarea juvenilă oscilează între stabilirea unei complementarități favorabile vieții prelungite în comun, dar care conduce la specializarea fiecărui partener în anumite sarcini și, astfel, la diminuarea unor potențialități și, pe de altă parte, căutarea acestei *egalități*, acestei simetrii perfecte (...). Această oscilație se traduce printr-o negociere neîncetată asupra diviziunii atribuțiilor: ineluctabile diferende între egali" (Béjin, 1998, p.180). Prin urmare, uniunea consensuală tinde să fie aleasă de persoane mai individualiste, care cred mai puţin sau deloc în căsătorie şi în valorile tradiţionale ale familiei. Cei care aleg acest stil de viaţă resping presiunile sociale exterioare impuse relaţiei: „Opţiunea pentru uniunea informală poate reprezenta în acest caz un protest la adresa imixtiunii statului în sfera privată, un angajament pentru autenticitatea relaţiei, care ar putea fi afectată în cazul existenţei sancţiunilor juridice" (Popescu, 2009, p.109).

Cu toate că uniunile consensuale se aseamănă mariajelor din multe puncte de vedere – împărţirea aceleiaşi locuinţe, unificarea economică, intimitatea sexuală, adesea chiar copii – ele diferă la nivel de implicare şi autonomie. Conform studiilor recente, cei care coabitează „au tendinţa de a nu fi la fel de implicaţi precum cuplurile căsătorite în a continua relaţia, indiferent de obstacole şi sunt mult mai orientaţi către propria lor autonomie" (Băran-Pescaru, 2004, p.88). De asemenea, acest tip de convieţuire poate schimba atitudinile partenerilor faţă de instituţia căsătoriei făcând-o mai improbabilă sau, dacă mariajul are loc, transformându-l într-unul mai puţin reuşit. Un studiu realizat în 1997 de către demografii de la Universitatea din Pensilvania a concluzionat, de pildă: „coabitarea a mărit acceptarea divorţului de către tineri, dar alte experienţe de trai independent nu au înfăptuit aceasta" şi „cu cât au fost mai multe luni expuşi coabitării, cu atât tinerii au devenit mai puţin entuziaşti la ideea de căsătorie şi naştere a copiilor" (Ambert, 2000, p.38). Astfel, realitatea socială demonstrează că acest stil de viaţă se impune tot mai mult ca un model de convieţuire, ce se extinde asupra întregii vieţi şi tinde spre înlocuirea căsătoriei. În acest sens, opţiunea pentru concubinaj „încearcă să satisfacă prin conjugare nevoia de dependenţă şi de identificare cu cea de autonomie, angajând implicarea afectivă plenară, negând aspectul contractual al relaţiei şi exaltându-l pe cel al libertăţii de manifestare, pe măsura satisfacţiei mutuale şi a nevoilor autentice de a fi împreună" (Voinea, 2005, p.135). De aceea este uşor de înţeles de ce coabitarea este în mod inerent mai puţin stabilă decât mariajul şi de ce, în special din perspectiva faptului că acest tip de uniune e mai facil de încheiat, rata de despărţire a celor ce coabitează este mult mai mare decât cea care-i priveşte pe partenerii căsătoriţi.

Printre avantajele potenţiale ale căsătoriei se fac cunoscute următoarele:

- „mariajul implică un contract pe termen lung – acesta facilitează investiţia emoţională în relaţie, incluzând monitorizarea apropiată a comportamentului fiecăruia;
- îşi împărtăşesc resursele economice şi sociale – aceasta le permite să se comporte ca un mic pol de asigurare împotriva nesiguranţei vieţii, reducând nevoia fiecăruia de a se feri de evenimente nedorite
- cuplurile căsătorite au o legătură mai bună cu comunitatea extinsă – aceasta include indivizi şi grupuri (rude), precum şi instituţii sociale, ca de pildă biserica, constituind surse importante de sprijin social şi emoţional, dar şi de avantaje materiale" (Waite şi Gallagher, 2000, p.20).

Prin urmare, funcţionând ca un cuplu, indivizii îşi pot dezvolta acele abilităţi în care excelează şi se pot completa cu partenerul lor. Pe măsură ce relaţia evoluează, „un garant al finalizării ei în mariaj este reciprocitatea, atât ca încredere a unuia în celălalt, cât şi ca echitate în schimburile simbolice şi materiale" (Iluţ, 2000, p.144). Căsătoria impune o serie de îndatoriri, precum şi o responsabilitate mai mare decât oricare dintre celelalte modele de convieţuire pentru care s-ar opta. În acest sens, se remarcă faptul că uniunile consensuale sunt întâlnite cu precădere la vârsta tânără, când asumarea unor responsabilităţi este indezirabilă. În pofida acceptării concubinajului pe scară extinsă de către tineri, căsătoria rămâne în continuare „modelul marital cu cea mai mare pondere și stabilitate" (Apostu, 2015, p.157).

2.5. Mariajul – analiza diferențelor funcționale dintre cuplul tănâr și cuplul vârstnic

Analiza datelor obținute în urma unei cercetări sociologice (Iacob, 2017 evidențiază faptul că respondenții încă cred într-o instituție a familiei sub forma căsătoriei. În acest sens, căsătoria și familia rămân instituții ferm stabile, deși sunt supuse unor tensiuni și constrângeri majore. Atât cuplurile proaspăt căsătorite, cât și cele cu o experiență înaintată în căsnicie au declarat că prin căsătorie au simțit ce înseamnă asumarea responsabilităților, precum și stabilitatea cuplului conjugal. În ceea ce privește decizia cuplurilor de a se căsători, s-a constatat faptul că aceasta a fost luată de comun acord de ambii parteneri, neexistând presiuni exterioare. Așadar decizia maritală este una personală, bazată pe iubirea dintre parteneri, echitatea, adaptarea, negocierea și flexibilitatea rolurilor reprezentând resursele necesare care stimulează partenerii în conviețuirea conjugală.

Cu toate că vorbim despre generații tinere, totuși reperele culturale ale societății clasice nu au dispărut complet. Astfel, cu o dublă orientare – laică și religioasă – mariajul este încă privit ca fiind, dincolo de competențele sale strict juridice, și un proces cultural. Deși discursul tinerilor nu vizează aspecte de viziune teologică, totuși ideea de „*taină a căsătoriei*" apare ca o formă de îndeplinire a unor procese sau tradiții sociale în afară de care nunta pare să fie slăbită de consistență. Toate cuplurile tinere își decid mariajul după o perioadă de conviețuire, contrazisă de sistemele tradiționale ale familiilor vârstnice, dar și de teologie. Acest lucru confirmă încă o dată că pentru tineri mariajul nu are o viziune post modernă individualistă, ci una cu puternice influenţe tradiţionale.

Dintr-un alt punct de vedere, tinerii remarcă faptul că schimbările apărute ca formă de tranziţie dintre cele două stări – coabitară vs. căsătorie – nu sunt resimţite decât la „impactul exterior" a ceea ce presupune statusul social. Aceasta arată faptul că, în intimitatea sa tinerii nu percep vreo modificare funcţională între starea de coabitare şi mariaj. În diferite modalităţi de expunere, respondenţii au precizat că au ales să se căsătorească, întrucât consideră concubinajul ca fiind un tip de convieţuire ce ţine de individualism, libertate şi securitatea proprietăţii. Acceptând legalizarea relaţiei de cuplu, partenerii vor primi ca efect al stabilităţii lor, statutul de căsătoriţi legitim. Astfel, căsătoria este în continuare valorizată, reprezentând o instituţie socială importantă.

Pe de altă parte, opiniile cuplurilor vârstnice cu privire la validitatea mariajului pentru spaţiul contemporan sunt puternic protective cu ideea de familie. Dacă în cazul tinerilor, menţiunile cu privire la religiozitate apar ca urmare a impactului cultural, pentru vârstnici mariajul semnifică o legătură puternică ce îi leagă pe parteneri „*potrivit credinţei lor dogmatice*". Cu aceeaşi identitate teologică, partenerii vârstnici consideră că familia fereşte tinerii de vulnerabilitatea unor mariaje din interes. Un prim contrast sesizat cu privire la acest aspect, o reprezintă însăşi zestrea, ca formă de negociere între cele două familii pentru acceptarea unui mariaj în cadrul comunităţii cuplurilor vârstnice. În acest sens, contrastul este justificat din dualitatea unor orientări care derivă din situaţia propriei zestre vs. din capacitatea cuplurilor bătrâne de a ocoli aceste tranzacţii „de interes" specifice acelei perioade.

Atât cuplurile tinere, cât şi cele vârstnice apreciază faptul că o relaţie reuşită este una între egali, în care fiecare partener are drepturi şi obligaţii egale. Într-o astfel de relaţie conjugală, fiecare soţ este respectat şi doreşte ceea ce este mai bun pentru celălalt. Cuplurile tinere remarcă faptul că discuţia sau dialogul este lucrul cel mai important pentru a face ca relaţia să meargă. Astfel, diversele secrete apărute între partenerii conjugali pot afecta calitatea comunicării, ceea ce va conduce implicit la disfuncţionalitatea mariajului. Sentimentul de încredere reprezintă un aspect esenţial în relaţia conjugală ce le permite soţilor să se dezvolte împreună, dar şi individual prin susţinere reciprocă. În diferite modalităţi de expunere, respondenţii au precizat că încrederea fereşte cuplul de tensiuni şi îi ajută la construirea siguranţei.

Pe de altă parte, în ceea ce priveşte opiniile cuplurilor vârstnice, respondenţii au menţionat compatibilitatea între parteneri ca fiind o sursă importantă pentru menţinerea unei relaţii conjugale stabile şi fericite. Altfel spus, gradul de compatibilitate între parteneri contribuie la întreţinerea unui mediu propice pentru desfăşurarea unui mariaj reuşit, în care nevoile cuplului se pliază ca un tot unitar: „*Succesul unei relaţii este atunci când există mai mult noi şi mai puţin eu şi tu*". Aşadar, compatibilitatea dintre parteneri arată şi nivelul de fuziune dintre cei doi. Într-o formulare sintetizată, ideea de „noi" descrie în primul rând funcţia de solidaritate în diversitate. Partenerii nu trebuie să se vadă în competiţie, ci într-un plin proces de interacţiune care le permite permanent negocierea, încrederea de a comunica tot ceea ce simt etc.

Prin analiza rezultatelor cu privire la factorii care contribuie pentru fericirea şi stabilitatea unei căsnicii, s-a constat faptul că pentru majoritatea respondenţilor o relaţie bună se întemeiază pe comunicare emoţională şi intimitate. Fără îndoială, intimitatea şi comunicarea sentimentelor sunt importante pentru o căsătorie reuşită. Comunicarea este, în primul rând, modalitatea de stabilire a unei relaţii trainice şi raţiunea continuării sale. Prin intimitate, cei doi parteneri se apropie unul de celălalt şi îşi împărtăşesc gândurile şi sentimentele, ceea ce le conferă un tip de relaţie bazată pe satisfacerea nevoilor primare, precum securitatea, afilierea și solidaritatea.

Respondenții tineri au precizat faptul că stabilitatea conjugală a unui cuplu căsătorit ține și de alegerea liberă a partenerului conjugal, necondiționată de familii, tranzacții materiale sau alte tipuri de strategii care exclud voința partenerilor. Homogamia este cel mai des întâlnit criteriu în ceea ce privește selecția partenerului conjugal. Prin urmare, indivizilor le este mult mai ușor să își expună sentimentele, să comunice și să creeze conexiuni cu parteneri care au aceleași statusuri sociale, nevoi și idealuri personale asemănătoare cu ale lor. În acest sens, oportunitățile de interacțiune sunt mult mai ridicate, ceea ce contribuie la stimularea intercunoașterii dintre partenerii conjugali. Prin analiza răspunsurilor oferite, s-a remarcat faptul că alegerea partenerului nu ține în întregime de sentimentul de îndrăgostire, ci și de caracteristicile comune dintre parteneri.

În altă ordine de idei, alegerea partenerului conjugal pentru generațiile bătrâne nu era chiar atât de liberă sau ei aveau doar impresia că este liberă. Oamenii obișnuiau să se căsătorească nu neapărat din dragoste, ci din motive economice și familiale. În societățile tradiționale, aranjamentele maritale aveau la bază tranzacții materiale între familii. Astfel că, raporturile dintre soț și soție se întemeiau foarte puțin pe dragoste și mai mult pe respect. Alegerea partenerului de viață era făcută, de cele mai multe ori, de părinți, care aveau grijă ca viitorul partener să corespundă criteriilor economice și sociale, asigurând astfel supraviețuirea liniei familiei: *„Am ținut cont de faptul că provenea dintr-o familie bună (de profesori), ceea ce m-a convins că vom avea o familie stabilă".* Așadar, statusul familiilor de origine legitimează și mai mult noile relații, în sine, statusul fiind în ochii respodenților și o garanție a funcțioalității. Totuși, alegerea partenerului nu este o decizie a tinerilor, ci una care însumează reperele comunitare, de multe ori „*sfaturile părinţilor mei cântărind foarte mult în alegerea viitorului soţ*". Totodată, dacă pasiunea dispărea în timpul căsniciei, nu era considerat un motiv suficient pentru o despărţire, divorţul fiind blamat social. Dacă în cazul tinerilor, menţiunile cu privire la libertatea de alegerea partenerului sunt considerate fireşti, pentru vârtsnici ideea fundamentării libere a unui mariaj pe termen lung pe dragoste romantică s-a răspândit de-abia recent.

În cadrul cuplului conjugal, când diferenţele dintre parteneri nu sunt acceptate, apare mai degrabă conflictele decât dorinţa de negociere. Tensiunea conjugală, ca stare permanentă şi repetată, conduce spre refuzul total al partenerilor de a se mai înţelege, aceştia nemaipuntându-se tolera unul pe celălalt din niciun punct de vedere. Aşa cum reiese din analiza interviurilor, partenerii cu vârste mai înaintate percep altfel conflictul decât tinerii. Dacă tinerii identifică resursele conflictuale şi îşi caută diferite modalităţi de autoprotecţie în faţa vulnerabilităţii sentimentelor, pentru cuplurile vârstnice „*contează modul în care încercăm să trecem peste toate greutăţile*".

Prin analiza răspunsurilor primite, s-a constat faptul că, atât pentru respondenţii tineri, cât şi pentru cei vârstnici, apariţia constrângerilor din partea partenerului şi lipsa de comunicare sunt factori principali care conduc la dezechilibru în familie. Altfel spus, atunci când comunicarea nu este eficientă, responsabilităţile din cadrul cuplului conjugal sunt privite în termen de restricţii, iar partenerii nu se mai ascultă şi nu se mai înţeleg unul pe celălalt, în mod inevitabil se instalează starea de conflict generată de sentimentele de revoltă sau nemulţumire. În cazul tinerilor, în situaţia luptei pentru putere, studiul arată că starea de conflictualitate este tolerată pentru puţin timp, de regulă cuplul respectiv este sortit disoluţiei. Concurenţa între parteneri poate transforma mariajul într-o bătălie continuă pentru dorinţa de a arăta celuilalt că are dreptate, făcând presiuni în ceea ce privește acceptarea poziției și a modului de gândire.

Legislația pentru divorț a evoluat de-a lungul timpul, astfel încât, dacă în spațiul tradițional exista o mai mică libertate în ceea ce privește realizarea unui divorț, modernitatea a permis simplificarea procedurilor de divorț, susținând libertatea individului în stabilirea stării civile. În diferite modalități de expunere, respondenții au precizat că principalele motive de divorț sunt subminarea încrederii în partener, apariția neînțelegerilor ireconciliabile, precum și din cauza unor comportamente negative, cum ar fi alcoolismul sau violența domestică. Problemele nerezolvate dintre parteneri devin greu de tolerat și de gestionat, conducând inevitabil spre despărțire. Acest aspect arată că pentru ambele categorii, evaluarea relației conjugale nu este una emoțională, ci una strict funcțională. Derivăm de aici influențele tradiționale, chiar și pentru cuplurile tinere cuprinse în studiu.

Cu titlu de excepție, studiul a identificat și opinii tinere care descriu anticiparea disoluției din motive de „monotonie maritală", ca urmare a erodării relației conjugale sau a nivelului redus de implicare al partenerilor. Acest tip de răspunsuri arată disfucții de socializare, de implicare relațională și o capacitate redusă de suport conjugal în vederea medierii.

Primii ani de căsnicie sunt primordiali pentru soți, constituind o perioadă de risc în care interacțiunea de cuplu și abilitățile relaționale nu sunt suficient de bine consolidate. Soții nu și-au dezvoltat pe deplin sentimentul de siguranță, de încredere, precum și solidaritatea dintre aceștia. Astfel, pentru asigurarea echilibrului conjugal și pentru menținerea unei atmosfere familiale pozitive este esențial ca partenerii conjugali să știe cum să își construiască împreună un cadru solidar și să mențină coeziunea în cuplu prin găsirea unor soluții de rezolvare a surselor de cu risc crescut de destrămare.

În ceea ce priveşte importanţa satisfacţiei erotice într-o căsnicie, s-a constat faptul că aceasta are o poziţie centrală în cadrul cuplului conjugal, însă nu este determinantă pentru realizarea unui mariaj. În acest sens, prezenţa unei sexualităţi sănătoase şi împlinite contribuie la menţinerea vieţii amoroase de cuplu, împiedicând periclitarea coeziunii cuplului. Frecvenţa şi calitatea actelor sexuale dintre soţi este direct influenţată de nivelul de fericire relaţională şi ajută la dezvoltarea treptată a funcţiei de solidaritate. Astfel, în situaţia în care apar diverse eşecuri sexuale, iar relaţia dintre soţi se răceşte treptat, comunicarea nevoilor, dar şi a dorinţelor cu privire la îmbunătăţirea vieţii sexuale reprezintă modalitatea cea mai optimă pentru abordarea conflictului sexual. Prin urmare, respondenţii au menţionat faptul că satisfacţia sexuală reprezintă un factor care ajută la păstrarea relaţiei conjugale. În contrapondere, cuplurile bătrâne au afirmat că sexualitatea este expresia binelui în relaţie şi că binele relaţional este cel care conduce spre relaţii intime satisfăcătoare.

Schimbările în comportamentul sexual s-au produs în sensul permisivităţii raporturilor sexuale premaritale. Dacă în societăţile arhaice, precum şi în societăţile ţărăneşti tradiţionale, relaţiile sexuale erau acceptate abia după încheierea căsătoriei, având scopul strict de reproducere, în zilele noastre, erotismul nu mai este un domeniu tabu, devenind din ce în ce mai mult o necesitate pentru vitalitatea cuplului modern. În societatea contemporană, experimentarea mai multor relaţii înainte de mariaj care să includă şi dimensiunea sexuală se fundamentează pe ideea de a găsi partenerul sexual potrivit. Se pare că o categorie consistentă de tineri căsătoriţi apreciază că experimentarea mai multor relaţii înainte de mariaj, care bineînţeles să includă şi dimensiunea sexuală contribuie la „cunoaşterea a ceea ce fiecare îşi doreşte cu adevărat de la viitorul partener conjugal". Observăm astfel, o relaxare în ceea ce priveşte comportamentele cu privire la sexualitate în mediul contemporan.

În comparaţie cu răspunsurile primite de la tinerii căsătoriţi, în diferite modalităţi de expunere, respondenţii cu anii mai mulţi de căsnicie au prezentat o oarecare reticenţă şi intoleranţă în ceea ce priveşte experimentarea mai multor relaţii sexuale înainte de mariaj, menţionând faptul că sexualitatea extramaritală era sancţionată în perioada în care aceştia s-au căsătorit. Este interesant de precizat că niciun intervievat din această categorie nu a exclus direct sexualitatea de dinainte de mariaj, formulările lor fiind mai degrabă expresii socializate şi internalizate de aceştia. Acest fapt nu exclude importanţa nivelului de intimitate, dar nici nu îl confirmă. Se observă, însă o uşoară tendinţă de cenzură în ceea ce priveşte discutarea unor astfel de subiecte.

Prin urmare, se remarcă faptul că bunăstarea sexuală în cuplul conjugal tradiţional era prea puţin importantă pentru instituţia căsătoriei, comportamentul sexual având scopul doar de procreere: „*Când eu m-am căsătorit era o ruşine să experimentezi mai multe relaţii înainte de mariaj. În ceea ce mă priveşte, pot spune că sunt total contra experimentării mai multor relaţii sexuale*". Mai mult, relaţiile sexuale erau restricţionate de biserică, care interzicea consumarea actului sexual în anumite perioade şi impunea frecvenţa lor.

Datele evidenţiate în urma culegerii informaţiilor arată că respondenţii definesc infidelitatea ca fiind o principală sursă a disfucţionalităţii cuplului, care însă îşi are cauzele în în alte probleme rămase nerezolvate, ceea ce a determinat partenerul să înşele. Atunci când unul dintre partenerii de cuplu este suspectat sau acuzat de relaţii extraconjugale, nu face decât să periclitze şi chiar să distrugă mariajul. Infidelitatea contribuie la slăbirea solidarităţii conjugale, la subminarea încrederii, constituind un principal motiv de divorţ. Astfel, se remarcă faptul că, atât pentru tineri cât şi pentru vârstnici, acuzațiile de infidelitate au o mare influență în ceea ce privește deficitul relațional.

Pe baza informațiilor primite din discursul tinerilor, s-a sesizat faptul că infidelitatea apare din cauza rutinei din cuplu, fie în urma presiunilor făcute de diverse persoane din exteriorul familiei sau ca urmare a lipsei de comunicare eficientă dintre parteneri. De asemenea, cuplurile vârstnice consideră că infidelitatea reprezintă o problemă destul de dură care cere reacții imediate, întrucât presupune înșelarea așteptărilor dintre soți. Deficitul relațional cauzat de acuzațiile de infidelitate are la bază nemulțumirea conjugală sau dorința de diversitate a unora. Acest lucru, confirmă încă o dată importanța fidelității între partenerii de viață, fapt ce este menționat atât de cuplurile tinere, cât și de cele bătrâne. Indiferent de situații, cuplurile tinere și cele vârstnice nu tolerează infidelitatea în cadrul unei relații conjugale, deoarece reprezintă o problemă gravă care poate afecta funcționalitatea familiei respective.

Așa cum s-a observat anterior, justificarea infidelității apare doar atunci când se vorbește general despre ea, nu și atunci când se pune problema toleranței pentru o astfel de faptă în vederea medierii unei relații disfuncționale. În fața situațiilor concrete, cele care vizează mediul propriu, infidelitatea redevine un fapt imoral care cere sancțiunea imediată sau menținerea distanței față de infidel. Din acest punct de vedere, prin analiza răspunsurilor primite, s-a constat faptul că, cea mai mare dintre respondenții intervievați au adoptat o poziție neutră în ceea ce privește ideea ca unul dintre copiii să se căsătorească cu un partener despre care știu că i-a fost infidel, menționând însă că ar încerca să discute despre situația vulnerabilă la care copilul lor s-ar expune. Cu toate acestea, s-a observat că dovedirea infidelității indică pe de-o parte gravitatea actului în sine și, pe de altă parte, gradul de intoleranță la astfel de atitudini, ce contribuie la disoluția ulterioară a cuplului marital. Poate contraintuitiv, cea mai mare intoleranţă la infidelitate a fost remarcată la bărbaţii din familii vârstnice. Ea afectează stima de sine, conduce la pierderea controlului şi îi face pe aceştia şi mai exigenţi în exprimare atunci când este vorba de propriul copil şi mariajul acestuia.

Din perspectiva tinerilor, infidelitatea apărută într-o relaţie a potenţialului său copil reprezintă o problema care necesită mediere, nu disoluţie. Toţi tinerii vorbesc de necesitatea unei bariere între generaţii, fiecare cuplu trebuind să îşi gestioneze singur problemele, fără presiunile şi intervenţiile părinţilor.

De cele mai multe ori, atunci când familia de origine reprezintă un model demn de urmat, aceasta va constitui un model şi pentru întemeierea viitoarei familii de către tinerii căsătoriţi. Astfel, s-a remarcat faptul că, în ceea ce priveşte modificările pe care respondenţii le-au resimţit de la familia de origine la familia pe care şi-au construit-o, acestea au fost în general legate de creşterea numărului de responsabilităţi. Studiul evidenţiază faptul că familiile de origine reproduc încă pattern-uri tradiţionale, atât în gestionarea relaţiei de rol conjugal, cât şi în transmiterea lor generaţiilor tinere. Acest aspect se observă în interviu prin desele răspunsuri care descriu, în mod deosebit la bărbaţi, probleme în asumarea rolurilor, în special ale celor de menaj. Din discursul cuplurilor căsătorite intervievate, s-a observat prezenţa unor modele asemănătoare de rol conjugal, precum şi diferenţe culturale restrânse între cele două generaţii. Pe baza datelor obţinute în studiul de faţă, cea mai mare parte dintre respondenţi au reuşit să găsească forma optimă de interacţiune cu familia de apartenenţă, păstrând bunăstarea legăturilor dintre un partener şi rudele celuilalt partener. În ceea ce priveşte modificările resimţite în noua familie, femeile din cuplurile vârstnice au declarat în diferite forme că nu au

„resimţit modificări în ceea ce priveşte trecerea de la familia de origine la familia pe care mi-am construit-o, deoarece am preluat din obiceiurile familiei în care trăiam". Practic, asumarea tradiţională a rolurilor conjugale face ca nici bărbaţii să nu simtă vreo diferenţă de adaptare, deoarece şi aceştia sunt structuraţi după aceleaşi pattern-uri clasice.

Pe de altă parte, societăţile tradiţionale se caracterizează prin supraaglomerarea spaţiului de locuit. Tinerii căsătoriţi locuiau împreună cu părinţii, de cele mai multe ori mediul de rezidenţă fiind patrilocal (cei proaspăt căsătoriţi se mutau la părinţii mirelui). În comparaţie cu spaţiul tradiţional, în mariajul contemporan predomină neolocalismul, astfel încât tinerii aleg să se mute după căsătorie într-o casă departe de familiile de provenienţă ale fiecăruia dintre parteneri. În diferite modalităţi de expunere, cuplurile tinere au precizat că prin stabilirea graniţelor propriei relaţii au reuşit să păstreze o bună relaţie de interacţiune cu familiile de origine. În acest sens, este de apreciat faptul că cei doi soţi trebuie să-şi delimiteze un stil comun de convieţuire conjugală, conservând doar acele modele de rol de la familia de apartenenţă pe care le consideră benefice în ceea ce priveşte stabilitatea şi funcţionalitatea cuplului.

În altă ordine de idei, s-a observat faptul că suportul oferit de familia de provenienţă este important pentru familia tânără. Pentru membrii familiei de origine este aproape imposibil să nu ofere sprijin necondiţionat pentru bunăstarea tinerilor căsătoriţi. Părinţii sunt motivaţi de cele mai multe ori de dorinţa fericirii propriului copil, precum şi de garantarea confortului necesar. Analizând răspunsurile primite, s-a constat faptul că părinţii simt o responsabilitatea morală pentru copiii lor care s-au căsătorit de curând, încercând să contribuie la stabilitatea cuplului conjugal. Însă, această responsabilitate resimţită de cuplul cu experienţă nu este privită cu aceeaşi deschidere de către cuplul tânăr. Aceştia fac în unanimitate precizarea că este foarte important să se păstreze anumite limite în ceea ce privește implicarea familiilor de origine în viața lor conjugală. În situațiile în care familia de apartenență se implică excesiv în căsnicia tinerilor, invadând spațiul interpersonal al acestora, în mod inevitabil favorizează apariția conflictelor. Impunerea propriilor opțiuni de viață din partea părinților sau socrilor este dificil de tolerat pentru cuplul tânăr, astfel încât căsnicia acestora devine vulnerabilă. Tendința familiilor de origine de a participa activ la viața tinerilor apare, de cele mai multe ori, inconștient și involuntar, fiind generată de datoria acestora de a interveni în buna desfășurare a vieții de familie a copiilor. În acest caz, s-a constat faptul că pentru majoritatea respondenților, problemele cu părinții sau cu socrii reprezinte cauze principale care pot conduce la slăbirea armoniei și stabilității cuplului conjugal.

În ceea ce privește opiniile cuplurilor tinere și vârstnice cu privire la modul în care partenerii conjugali reacționează în situațiile de stres, s-a remarcat faptul că în majoritatea cazurilor studiate, aceștia au precizat, cel puțin la nivel declarativ că sunt adepții unei comunicări calitative, încercând să se ajute reciproc pentru a depăși momentul tensionat. Cu toate acestea, la cuplurile vârsnice, o tendință pare comună – aceea de evitare iar aceasta poate deveni resursa unor inepuizabile disfuncții: *„încercăm să evităm eventualele discuții neplăcute”* sau *„prefer să mă duc în altă cameră”*. Aceasta pare a fi o strategie care ascunde problemele conjugale în spatele unui sistem funcțional rigid. Fiecare își îndeplinește datoriile, iar problemele trebuie evitate, chiar dacă produc disconfort relațional.

Din perspectiva tinerilor, comunicarea apare ca fiind reperul de bază în negocierea conflictelor. Pentru aceștia, preocuparea ambilor parteneri în ceea ce privește ameliorarea disconfortului provocat de suprasolicitarea reprezintă o modalitatea benefică pentru stimularea armoniei în relaţia conjugală. Prin analizarea răspunsurilor oferite pe baza efectuării interviului, respondenţii au precizat faptul că perioadele asociate cu oboseală fizică, cât mai ales cu cea psihică, favorizează apariţia conflictelor, contribuind, astfel, la instalarea disfuncţionalităţii conjugale. Prin urmare, s-a constat că printr-o gestionare eficientă a situaţiilor de stres, dar şi prin intermediul unei bune cooperări, partenerii de cuplu reuşesc să nu îşi pună în pericol căsnicia.

Datele evidenţiate în urma culegerii informaţiilor arată că respondenţii dau dovadă de calm şi încearcă să comunice cu partenerul în faţa unui conflict conjugal. Adoptarea unei atitudine de mediere a conflictelor conjugale necesită implicarea ambilor parteneri. Armonia familială este susţinută prin capacitatea de comunicare dintre soţi, precum şi prin gradul acestora de participare şi cooperare în diverse situaţii conflictuale. Totodată, pentru evitarea conflictelor conjugale este recomandat ca partenerii să cunoască felul de a fi a celuilalt înainte a lua decizia realizării unui mariaj, pentru a împiedica apariţia surselor de instabilitate în cuplu. Astfel, este important ca partenerii să îşi împărtăşească idealurile, opiniile, precum şi viziunea lor despre viaţă în vederea întemeierii unei căsnicii bazate pe solidaritate reciprocă între parteneri. În faţa provocărilor vieţii, pot fi observate mai uşor modalităţile în care fiecare cuplu îşi poate gestiona situaţiile tensionate la care este supus un cuplu.

În ceea ce priveşte opiniile tinerilor cu privire la atitudinea pe care o adoptă în faţa unui conflict conjugal, aceştia au precizat că prin intermediul comunicării cu partenerul de viaţă au reuşit să depăşească starea conflictuală, consolidându-şi relaţia. Astfel, s-a constatat faptul că succesul unei relaţii reuşite se bazează pe o comunicare eficientă între parteneri. O relaţie manifestă stabilitate atunci când comunicarea le oferă partenerilor posibilitatea unui confort relaţional, ajutând cuplul să crească în armonie şi fericire. De asemenea, prin intermediul studiului de faţă, s-a remarcat faptul că prin comunicare, partenerii de cuplu au posibilitatea de a-şi expune unul altuia trăirile, nevoile, precum şi nemulţumirile. Aşadar, comunicarea este o resursă pentru rezolvarea tuturor problemelor care pot apărea în cuplu.

Pe de altă parte, în culegerea informaţiilor din discursurile cuplurilor vârstnice s-au sesizat şi cazurile în care respondenţii refuză comunicarea în situaţia unui conflict conjugal: *„Uneori refuz să mai comunic cu soţia o perioadă scurtă de timp, pentru a încerca să mă calmez"*. În acest caz, lipsa comunicării sau comunicare ineficientă au ca rezultat apariţia dificultăţilor în ceea ce priveşte coordonarea vieţii de cuplu. Astfel, ca urmare a deficienţelor de comunicare, pot să apară diverse divergenţe de idei, se poate instala instabilitatea, iar prin lipsa încercării de a soluţiona conflictul conjugal, acesta poate conduce spre disoluţia cuplului. Gestionarea unei situaţii conflictuale trebuie să aibă la bază căutarea echilibrului în cuplul conjugal, precum şi încercarea de a rezolva problemele ce au contribuit la apariţia tensiunilor.

Relaţia modernă surprinde tinerii într-un proces de reciprocitate în ceea ce priveşte distribuţia sarcinilor din gospodărie. Cuplurile vârsnice au declarat inechitatea de rol conjugal, situaţie descrisă atât de femei cât şi de partenerii acestora. O uşoară distorsiune se poate observa în declaraţiile cuplurilor vârsnice. Dacă la diferenţele resimţite între familia de origine şi familia nou creată bărbaţii descriau incomoditatea prin care au trecut până la asumarea echitabilă a rolurilor, în discuţia particularizată pe distribuţia rolurilor se observă discrepanţe considerabile. Această situaţie arată o formă de „cosmetizare" a unei distribuţii de rol inechitabile, percepută de însuşi persoana intervievată. Astfel, pe baza informaţiilor primite de la respondenţi, s-a sesizat faptul că femeile se ocupă de gătit, spălat, călcat, curăţenie, creşterea şi îngrijirea copilului, în timp ce bărbatului îi rămâne să se ocupe de reparaţiile din casă şi ale automobilului, precum şi de activităţile agricole. În acest sens, tradiţionala diviziune a muncii în familie este în proces de modificare, observându-se o mai mare flexibilitate între parteneri. Când vine vorba despre treburile casnice, majoritatea dintre ele revin femeii. De asemenea, majoritatea respondenţilor consideră că, o distribuţie echitabilă între parteneri a treburilor casnice, le asigură acestora probabilitatea unui nivel ridicat de fericire în cuplu, evitând eventualele conflicte conjugale. În diferite modalităţe de expunere ale persoanelor intervievate, s-a constat faptul că femeia are o importanţă deosebită în ceea ce priveşte administrarea diverselor sarcini domestice, ceea ce indică creşterea puterii decizionale a acesteia în comparaţie cu spaţiul tradiţional: *„De fiecare dată, eu sunt cea care face lista de cumpărături pe care soţul trebuie să o aibă în vedere atunci când merge la supermarket".* Altfel spus, tendinţa de emancipare a femeii a contribuit la schimbarea structurii familiale, asigurând un echilibru necesar în ceea ce priveşte împărţirea sarcinilor gospodăreşti dintre partenerii, asigurând calitatea relaţiei conjugale.

În altă ordine de idei, în ceea ce priveşte opiniile cu privire la modul în care este împărţită autoritatea, s-a remarcat faptul că în discursul tinerilor aceştia apreciază că distribuţia echitabilă a autorităţii reprezintă modalitatea optimă pentru menţinerea stabilităţii din cadrul unui mariaj. În acest sens, soţii trebuie să evite ideea de a se antrena în situaţii competiţionale şi să încerce, mai degrabă, să coopereze între ei pentru a întreţine solidaritatea conjugală. Autoritatea în mediul familial trebuie să fie flexibilă, astfel încât să le permită partenerilor să îşi asimileze rolurilor conjugale în vederea asigurării echilibrului funcţional şi fericirii maritale. O bună împărţire a rolurilor conjugale, precum şi a autorităţii ţine de modul în care ambii parteneri reuşesc să îşi stabilească anumite reguli, încă din primii ani de căsnicie, în baza cărora să se ghideze pe parcursul evoluției mariajului, astfel încât soții să se centreze pe interesele familiei și pe menținerea coeziunii acesteia.

Dintr-o altă perspectivă, în ceea ce privește opiniile cuplurilor vârstnice, s-a remarcat, în unele situații, tendința de dominație a unuia dintre parteneri, caracteristică spațiului tradițional. În tradiționalism, la baza fiecărei familii stătea bărbatul care își manifesta autoritatea asupra soției sau copiilor. Așadar, bărbatul avea rolul dominant în familie, el fiind cel care asigura buna desfășurare economică și social a grupului domestic. Cu toate acestea, spațiul contemporan a dovedit faptul că distribuția inechitabilă a autorității în cadrul familiei va conduce la măcinarea solidarității conjugale și va contribui la apariția disfucționalităților între parteneri. Altfel spus, în urma analizării răspunsurilor primite de la respondenți, s-a observat faptul că, în cadrul familiilor în care unul dintre soți sau chiar amândoi doresc să dețină întreaga autoritate prezintă un risc crescut de tensiune și conflict. În aceste familii, relaționarea dintre parteneri este deficitară și de la cele mai multe ori, șansa de mediere a conflictelor scade considerabil.

Familia contemporană este caracterizată printr-un buget construit în mod egal de către ambii soți. Conform datelor culese pe baza realizării interviurilor, s-a constat faptul că partenerii conjugali au o motivație crescută în ceea ce privește dobândirea de competențe profesionale, considerând că, prin acest mod își pot asigura o stabilitate financiară, precum și satisfacerea mai multor nevoi, mai ales pe cele cu privire la subzistență. În comparație cu spațiul tradițional, când bărbatul era cel care trebuia să aducă veniturile pentru a întreține familia, opiniile cuplurilor maritale contemporane indică faptul că soții trebuie să participe împreună la activitățile menite să asigure suportul material al familiei, asigurând astfel venituri suficiente pentru a-și satisface nevoile de bază. Deducem astfel că, în cadrul societății contemporane, pentru familiile tinere existența unui buget echilibrat este foarte important, întrucât asigură stabilitatea cuplului conjugal: *„Bugetul familei noastre este comun, astfel încât reușim să ne acoperim atât cheltuielile legate de gospodărie, cât și nevoile individuale"*.

Din cele expuse anterior, s-a observat cu ușurință faptul că, în zilele noastre, familiile sunt interesate să realizeze cât mai multe venituri care să asigure confortul financiar necesar unui standard de viață cât mai bun. Altfel spus, partenerii conjugali se axează pe realizarea unor venituri suficiente pentru satisfacerea nevoilor și organizarea unei gospodării pe baza unui buget comun de venituri și cheltuieli. De asemenea, resursele materiale contribuie la asigurarea securității familiei, influențând nivelul de calitate al modului de trai. În acest sens, întreținerea familiei în condiții optime devine un interes principal pentru partenerii conjugali care doresc să realizeze cât mai multe venituri pentru a-și asigura confortul financiar necesar unui standard de viață cât mai bun. Comportamentul economic al membrilor familiei devine resursa principală pentru susținerea nevoilor firești materiale, asigurând funcționalitatea financiară a cuplului conjugal.

În ceea ce privește construirea bugetului unei familii, s-a constatat faptul că existența unei distribuții echitabile a veniturilor între soți le asigură acestora solidaritatea necesară ce îi va proteja în fața multitudinii de probleme inerente ale vieții conjugale. Majoritatea respondenților au menționat că printr-un buget echilibrat, solidaritatea familială crește, devenind o resursă de stabilitate în cadrul mariajului. Partenerii unui cuplu conjugal au obligația de a se susține material reciproc, de a asigura resursele necesare funcționării menajului pe baza unui buget comun, dar și de a găsi un echilibru între viața profesională și cea de familie.

Datele evidențiate în urma culegerii informațiilor arată că respondenții sunt satisfăcuți de confortul financiar în măsura în care sursele de venit câștigate corespund standardelor partenerilor conjugali. Astfel, soții care contribuie la bugetul comun al familiei, reușesc să-și îndeplinească nevoile și dorințele. În aceste situații, cuplul conjugal este stimulat să întrețină egalitatea dintre soți, ceea ce le va asigura acestora construirea și fundamendarea solidarității. Dacă în tradiționalism, munca pământului constituia baza economică a familiei, pentru tipologia familiei moderne confortul financiar reprezintă o sursă importantă pentru creșterea nivelului de satisfacție și împlinire al partenerilor de cuplu. Prin urmare, s-a constat că pe baza unor posibilități ridicate de afirmare profesională și materilă, cuplurile conjugale sunt mai bine sudate și prezintă un grad scăzut de instabilitate.

Dintr-o altă perspectivă, pe baza răspunsurilor oferite, respondenții au sugerat faptul că problemele economice din cadrul familiei pot genera consecințe negative vizibile, putând fi un factor de disoluție. Insecuritatea materială poate duce la un nivel crescut de disconfort manifestat în interiorul cuplului conjugal. În acest sens, sursele sporadice de venit, precum și cheltuielile mari pot contribui la deteriorarea relației conjugale, pot deveni chiar și cauze de divorț în măsura în care funcția de solidaritate este carențată. Astfel, problemele economice reprezintă surse generatoare de tensiuni conjugale, partenerii aflându-se în incapacitatea de a-și administra bugetul comun și de a asigura un trai mai bun familiei. Analizând informațiile culese pe baza studiului de față, s-a remarcat faptul că, în situațiile în care problemele financiare devin cauze pentru apariția conflictelor conjugale, partenerii sunt tulburați ca urmare a imposibilității de a-și satisface anumite nevoi și dorințe. De asemenea, structura internă a familiei este periclitată, deoarece resursele materiale sunt insuficiente, iar partenerii conjugali nu au garanţia unui suport economic. Aşadar, în ceea ce priveşte confruntarea cu anumite lipsuri economice, căsnicia poate să ajungă să fie sortită eşecului sau să aibă mari şanse de disoluţie.

În mod obişnuit, problemele economice constituie în sine un factor de instabilitate, în măsura în care acestea sunt permanente şi accentuate. Totodată, familiile care nu pot să atingă un standard economic prin care să reuşească să îşi îndeplinească sistemul de priorităţi, nu vor fi protejate de apariţia conflictelor conjugale legate de gestionarea bugetului. Aşadar, instabilităţile familiale din perspectiva economică reprezintă o sursă de dezechilibru, caracterizată prin insuficienţa veniturilor.

În diferite modalităţi de expunere, cuplurile tinere, cât şi cele vârstnice au precizat că nu au momente de regret în ceea ce priveşte faptul că s-au căsătorit. În acest sens, s-a remarcat faptul că mariajul dintre cei doi soţi s-a realizat din dragoste reciprocă, fiind o dorinţă luată de comun acord. Căsătoria presupune o adaptarea la un set de roluri conjugale pe care, anterior, soţii le-ar fi putut neglija. Prin urmare, momentul căsătoriei nu trebuie să fie grăbit, astfel încât partenerii să poată să îşi manifeste un grad ridicat de independenţă în ceea ce priveşte luarea acestei decizii. De asemenea, datele evidenţiate în urma culegerii informaţiilor arată că respondenţii au avut capacitatea de a se adapta rapid la noua condiţie, ce a presupus un grad mai mare de implicare şi de responsabilitate. Prin faptul că tineriilor nu li s-a impus căsătoria şi nu au fost influenţaţi de diverse surse exterioare, a contribuit semnificativ la coeziunea cuplului conjugal, reuşind să depăşească situaţiile generate de tensiuni: *„Nu regret că m-am căsătorit, deoarece îmi iubesc soţul şi împreună am trecut cu bine peste toate momentel dificile pe care le-am avut. Sunt conştientă că într-o căsătorie, inevitabil apar şi situaţii de impas, dar cu răbdare din partea ambilor parteneri pot fi depăşite cu succes”.* Altfel spus, este important ca soţii să nu ajungă în momente în care să regrete că s-au căsătorit, deoarece acest lucru ar putea conduce spre disoluția familiei respective. Pe baza informațiilor primite de la respondenții tineri, dar și de la cei bătrâni în cadrul studiului de față, partenerii conjugali care s-au căsătorit din iubire și nu au fost constrânși să ia această decizie, și-au asigurat echilibrul conjugal pentru menținerea unei atmosfere familiale pozitive.

Capitolul III.
Conflictul conjugal – dinamică psiho-socială

În societatea contemporană, cuplul conjugal traversează o perioadă de criză din punct de vedere structural și funcțional. În ciuda faptului că este considerată drept una dintre cele mai stabile forme de comunitate umană, viața cuplului conjugal se află într-un proces de permanentă schimbare, fiind supusă, în prezent, unor transformări fără precedent. Instabilitatea cuplului conjugal modern reprezintă reflexia în oglindă a transformărilor pe care societatea le-a suferit de-a lungul timpului și care și-au pus amprenta asupra modului de funcționare a acestuia, oferindu-i cu totul o altă semnificație.

Nevoia permanentă de diversitate care caracterizează astăzi viața individului modern, a infleunțat în mod evident stabilitatea cuplului conjugal. Într-o perioadă în care rolurile maritale sunt slab conturate în interiorul cuplului, iar sursele de conflict devin din ce în ce mai diversificate, funcțiile conjugale tind să fie îndeplinite doar parțial, ceea ce pune sub semnul întrebării funcționarea și dezvoltarea armonioasă a cuplului. De asemenea, stabilitatea legăturilor dintre parteneri este amenințată de posibilitatea despărțirii, care a devenit un fenomen tot mai vizibil și acceptat la nivel social.

Astăzi, atitudinile partenerilor aflați în relații conflictuale au propriile lor modalități de rezolvare a conflictelor, mulți dintre ei evitând să apeleze la specialiști. De aceea, acțiuni precum manipularea partenerului, tendința de dominație pentru deținerea controlului relației, decizia separării temporare apar des în strategiile de reacție la conflictul conjugal. Din acest motiv, propunem atenției o scurtă evidențiere a tehnicilor terapeutice de intervenție pentru reconsturirea echilibrului psihologic și funcțional între doi parteneri care traversează o etapă conflictuală.

3.1. Forme de intervenţie terapeutică asupra cuplului

Tensiunile sociale generale produse fie de impactul dintre culturi, fie de stresurile pe care le presupun resursele economice mult diminuate ale crizei, fie de diferențele dintre parteneri sau de anumite situații personale, pot crea conflicte mari la nivelul cuplurilor. Categoric, nu toate motivele de tensiune sunt și motive de divorț. Atunci, ne punem în mod firesc întrebarea dacă nu cumva astfel de cupluri ar trebui mediate în vederea remedierii relațiilor conjugale mai degrabă decât să ajungă în fața instanțelor civile pentru obținerea divorțului. Mai mult, am putea afirma că orice motiv poate fi „convertit" într-unul de divorț fie din voința personală a unui soț, fie prin manipulările cunoscuților (care au poziția oficială de martori) sau datorită diverselor speculații avocațiale. Aflați în fața tensiunilor din propriul cuplu, majoritatea partenerilor au o tendință de apărarea a eu-ului sau de a-și menține poziția pentru a nu ceda în fața celuilalt. Toate acestea pot duce la o luptă de orgolii în care opțiunea de a rezolva problemele cuplului este umbrită de răzbunarea divorțului.

Studiul realizat de Fundația Soros (Viața de cuplu, 2007) despre modalitatea de acțiune a cuplurilor românești în fața conflictelor conjugale arată o înclinație mai mare spre disoluție decât spre acțiunile specializate în medierea conflictelor familiale. Datele studiului arată că 89% dintre intervievați nu au apelat la nimeni pentru a rezolva problemele conjugale, 6% au apelat la vrăjitoare sau ghicitoare, 3% au apelat la servicii sexuale plătite, 2% au apelat la agențiile matrimoniale și doar 2% au apelat la specialiștii în consiliere.

Din perspectivă juridică, legislaţia românească precizează că acordarea divorţului se face în baza unor „motive întemeiate" însă, capacitatea de evaluare obiectivă a acestor motive este diminuată. O anumită serie de motive invocate în instanţele de judecată nu ar trebui acceptate ca motivaţii ale divorţului. Astfel, „probleme de comunicare", „nepotrivire de caracter" sunt motive de divorţ acceptate, dar nu şi evidente asupra vinovăţiei sau gravităţii situaţiilor care să fie acceptate pentru divorţ. Dacă problemele de comunicare sunt nu cauză, ci efectul unor probleme anterioare, ar trebui evaluate acele surse conflictuale şi abia apoi să se stabilească motivele reale ale disoluţiei maritale. Formularea „nepotrivirea de caracter" nu poate evalua problemele cuplului pentru a putea stabili cât de întemeiate sunt motivele reale pentru disoluţie maritală. Dilema care se naşte aici ar fi dacă nu cumva aceste orientări necontrolate spre divorţ ar fi, mai degrabă, de domeniul psiho-sociologiei în vederea medierii conflictelor maritale. Adăugarea termenului de gândire de la 3 la 6 luni înainte de pronunţarea finală a divorţului şi-a demonstrat eficacitatea în a orienta cuplurile aflate în impas spre latura comunicării, a reevaluării relaţiei, a încercărilor de mediere a stărilor conflictuale. Experienţa anului 1993, anul în care a fost scoasă din legislaţia pentru divorţ obligativitatea termenului de gândire, a arătat o creştere uşoară a divorţialităţii pe termen scurt. Or, toate acestea ridică o mare problemă asupra securităţii vieţii de cuplu care, pe fondul stresului, a simplificării procedurilor de divorţ au acces mult mai uşor la disoluţia maritală.

Astfel, prezentarea formelor de intervenţie terapeutică vin să îşi justifice încă o dată necesitatea, cu atât mai mult cu cât, în condiţiile unor blocaje relaţionale, partenerii se văd lipsiţi de resursele fireşti pentru medierea stărilor conflictuale.

3.2. De la consiliere la terapie – aspecte conceptuale

Acțiunile de intervenție de specialitate pentru medierea conflictelor familiale sunt foarte variate, iar punerea lor în practică devine cu atât mai aplicabilă cu cât sunt conștientizate mai bine particularitățile individuale și de grup ale fiecărui cuplu. Aplicarea formelor de intervenție terapeutică nu este doar rezultatul asimilării strategiilor de terapie, ci reprezintă, înainte de aceasta, o muncă personală cu sine însuși. Cunoștințele teoretice sunt esențiale pentru profesia de terapeut însă, nu sunt suficiente. Pentru a stabili, menține și dezvolta o relație profesionalizată, specialistul trebuie să dețină deprinderea de a explora, înțelege și optimiza și celălalt pol al relației în care se implică. Nu se poate promova creșterea și dezvoltarea relațională dacă evenimentele, valorile și opțiunile particulare ale unui cuplu sunt scoase din context (Nuță, 1999, p.52).

De asemenea, se impune o explicație asupra celor două forme mari de intervenție profesionalizată la nivelul cuplului – consilierea și terapia cuplului. Facem de la început precizarea că tehnicile de consiliere a unui cuplu nu se pot confunda cu terapia. Deși sprijinul psihologic, educațional și social este comun celor două domenii, mijloacele și modalitatea de acțiune diferă.

Majoritatea specialiștilor atribuie consilierii șase caracteristici:

- este un serviciu oferit de consilier care, în urma cursurilor postuniversitare, poate sprijini o persoană sau mai multe, în baza tehnicilor dobândite în urma stagiilor sale de pregătire
- formează și facilitează abilitatea de a lua decizii, stimulează clientul în rezolvarea problemelor, generează și catalizează alternative acționale, modifică stilul de viață al clientului etc.

- stimulează învățarea de noi comportamente și atitudini
- este o acțiune comună a consilierului și clientului în care respectul mutual este fundamental.
- capacitatea de bază a consilierului este aceea de a facilita relațiile umane
- acționează ca un moderator al dezvoltării umane prin intermediul prezenței psihologice (Stănescu, 2003, p. 14-15).

Diferențele tehnice dintre consiliere și psihoterapie au fost concretizate de specialiști astfel:

- psihoterapia se adresează cel mai adesea unor probleme semnificative din sfera sănătății psihice, psihosomatice și somatice și își centrează atenția asupra traumelor, pierderii, durerilor, reacțiilor nevrotice, tulburărilor etc.
- este o activitate curativă, în timp ce consilierea este una de prevenire, dezvoltare și educație
- psihoterapia presupune un proces explorator de durată (terapii psihanalitice, psihodinamice și experiențiale) sau de durată mai mică (terapiile focalizate pe problemă, terapiile comportamentale, cognitive, umanist-existențiale)
- gradul de autodezvăluire a terapeutului în relația cu clientul este mai mic
- psihoterapia presupune obiecte de profunzime și un plan bine structurat care să permită o remodelare creatoare a personalității, a Eu-lui, a rolurilor de manifestare și a relațiilor cu alții
- varietatea de intervenție psihoterapeutică este mai mare decât cea realizată prin consiliere
- psihoterapia privește persoana ca pacient în timp ce pentru consilier ea este doar client (Mitrofan, Nuță, 2005, p. 16).

Denumită și metoda „sfătuirii", consilierea poate fi redusă la metode educative, vocaționale, suportive, situaționale, de rezolvare a problemelor, de deșteptare a conștiinței etc. (Enăchescu, 2007, p. 326). Psihoterapia, însă, implică o susținere psihologică intensă, o abordare analitică profundă și necesită o mai mare resursă de timp. Deși nu se pot separa complet, consilierea nu implică psihanaliza, cercetarea proceselor psihologice în profunzimea lor, reacțiile intime generate de psihoze, stări de anxietate etc. Consilierea vizează mai mult zona acțiunilor exterioare, sociale în timp ce psihoterapia vizează zona patologicului.

Procesul de consiliere nu se supune unor tehnici speciale, ci se adaptează la resursele grupului domestic, la condițiile sociale și nu presupune o strategie centrată pe elementele de esență psihologică, folosite în psihoterapie. Regulile consilierii presupun o succesiune de etape care pornesc de la identificarea situațiilor, a resurselor, și continuă cu stabilirea relațiilor dintre consilier și client, susținerea, evaluarea și validarea soluțiilor și stabilirea situațiilor pentru încetarea consilierii.

Succesiunea etapelor unui proces de consiliere are următoarea structură:

- evaluarea completă a cazului în contextul social
- identificarea problemei centrale și a celor derivate din ea; stabilirea obiectivelor consilierii în discuția directă cu clientul, precum și a cadrului necesar consilierii
- realizarea relației de consiliere, stimularea alianței terapeutice, a acțiunilor de cuantificare și clarificare
- explorarea problemei, analiza răspunsurilor emoționale, cognitive și comportamentale și asocierea lor la obiectivele stabilite; reformularea obiectivelor în funcție de noile situații-problemă apărute și reactivarea clientului în procesul consilierii

- facilitarea insight-urilor şi descoperirea împreună a soluţiilor
- conceperea şi alegerea personală a răspunsurilor, comportamentelor, scenariilor de viaţă şi luarea deciziilor
- implementarea deciziilor şi a strategiilor alternative în propria viaţă
- susţinerea şi validarea soluţiilor alese de client
- evaluarea finală a procesului de consiliere
- încetarea de comun acord a consilierii (Mitrofan, Nuţă, 2005, p. 23-24).

Relaţia de consiliere vizează aspectele sociale ale situaţiilor consiliate, folosirea resurselor cuplului, stimularea găsirii răspunsurilor la probleme, introspecţia, evaluarea, stimularea acţiunilor de mediere a situaţiilor conflictuale, aprecierea trăirilor emoţionale.

Din această cauză, se consideră că procesul de consiliere este indicat la persoanele sau cuplurile cu probleme „situaţionale" care nu ating intensitatea unor forme de manifestare nevrotică. F.C. Thorne consideră consilierea o formă de susţinere psihologică pentru persoanele cu „probleme de viaţă" (Enăchescu, 2007, p. 327).

Clientul este susţinut în găsirea problemelor, este stimulat pentru a acţiona în direcţia potrivită şi este permanent evaluat. Procesul de consiliere are o mai puţină profunzime psihologică, dar sprijină deblocarea unor parteneri aflaţi în impas, stimulând partenerii la decizii, la introspecţie, la comunicare şi îi motivează pentru găsirea unor soluţii acceptate de ambii parteneri pentru depăşirea stărilor conflictuale.

Limitele consilierii pot fi înţelese din cazurile care depăşesc „problemele de viaţă". Problemele care implică anumite consecinţe psihologice profunde (manifestări nevrotice, stări de anxietate etc.) cer intervenții de specialitate din partea unui psihoterapeut.

3.3. Tipuri de intervenție terapeutică

Nu am putea identifica o listă completă a tehnicilor terapeutice deoarece ele sunt într-o permanentă adaptare și, din altă perspectivă, descoperirile modernității scot la iveală noi tehnici și forme de intervenție psihoterapeutică. Astăzi există peste 130 de metode psihoterapeutice care pot fi clasificate în patru mari curente: psihoterapiile (centrate pe vorbire, interacțiune verbală, acțiuni în care pacientul este invitat să vorbească pentru a descoperi treptat problema și modalitatea de a o rezolva), socioterapiile (practici terapeutice de grup, care, pornind de la ideea că problemele apar prin relațiile defectuoase din cadrul familiei, încearcă rezolvarea problemelor prin acțiuni care implică tot grupul familial), somatoterapiile (terapii cu meditare corporală care își centrează atenția asupra tehnicilor de relaxare precum: mișcările, respirația, relaxarea, masaje, bioenergie, integrare posturală etc.) și meditațiile (o variantă mai aparte de terapie care nu urmărește crearea unor relații, ci imobilizarea corpului pentru a fi supus tehnicilor de meditație, de hipnoză etc.) (Moreau, 2007).

Tehnicile de intervenție psihoterapeutică sunt modalități de acțiune la nivel individual sau de grup care urmăresc dificultățile de ordin patologic ale individului, iar varietatea de modalități de aplicație țin de aspectele structurale, de sistemul familial, de probleme, de strategii etc.

Varietatea problemelor psihologice cu care se confruntă un individ sau familia sa confirmă și varietatea formelor psihoterapeutice. Ea nu este doar teorie sau doctrină, ci este o acțiune cu anumite reguli speciale a cărei formă de aplicație se poate face în funcție de tipul de problemă și de posibilitatea ei de aplicabilitate pe un pacient.

În cele ce urmează, vom prezenta principalele tehnici de intervenție terapeutică la nivelul familiei.

Terapia structurală de familie

Considerată una dintre formele de bază între terapiile de familie, tehnica este legată de numele marelui psihiatru Salvador Minuchin care a cunoscut forma extinsă a vieții de familie chiar în mediul în care s-a născut. Cu peste 200 de veri și foarte mulți prieteni de familie, Minuchin încearcă o proiecție psihologică din perspectivă structurală a formelor de intervenție asupra problemelor din cuplu. Tehnica ia în calcul factorii ereditari, dar și pe cei sociali și delimitează cu o mai mare precizie ceea ce este „normal" de ceea ce este patologic.

Apreciind structura familiei, Minuchin afirmă că ea este „*setul invizibil de cerințe funcționale ce organizează modurile în care membrii familiei acționează ... și că ... o familie este un sistem ce acționează prin intermediul pattern-urilor tranzacționale. Tranzacțiile repetate stabilesc pattern-uri legate de cum, când și cine cu cine relaționează*" (Minuchin, 1974, p. 51).

Terapia structurală evaluează relațiile din familie, natura dependenței, structura de autoritate din familie și tipurile de interacțiune care definesc raporturile dintre membri. Tipurile de relații, pozițiile fiecăruia în cadrul grupului stabilesc anumite pattern-uri tranzacționale care reglează comportamentul indivizilor. Conștientizarea acestor pattern-uri oferă date importante despre unicitatea acelei familii. Respectarea acestor pattern-uri are la bază două tipuri de constrângeri: pe de o parte, regulile universale care guvernează organizarea familială și, pe de altă parte, expectațiile reciproce ale unor membri particulari ai familiei. Minuchin consideră că orice structură familială trebuie să rămână flexibilă pentru a rezista schimbărilor, dar să se şi poată adapta atunci când situaţiile o cer.

Adaptarea se poate realiza cu ajutorul subsistemelor (indivizi singuri, diade soţ-soţie, mamă-copil), iar interacţiunea şi gradul de participare este stabilit intim, la nivelul grupului familial prin anumite graniţe marcate de regulile dintre subsisteme care stabilesc cine şi cum participă (Mitrofan, Vasile, 2001).

Structura familiei constituie totalitatea pattern-urilor de interacţiune dintre aceştia, iar regulile care guvernează aceste relaţii sunt nespuse şi, în multe situaţii, neconştientizate. Membrii familiei nu ştiu cum s-a format o astfel de structură, iar posibilitatea schimbării unor astfel de pattern-uri are o primă şansă în momentul în care sunt înţelese, printr-o acţiune conştientă (Mitrofan, 2008, p. 170).

Familia nu funcţionează întotdeauna după pattern-uri structurale gândite şi negociate. În funcţie de subsisteme (bazate pe generaţii, gen şi interese comune) sunt stabilite o serie de raporturi care poartă amprenta fie a unei prescripţii culturale asimilate din mediul de socializare, fie din statusul oferit de gen, fie din structura clasică a generaţiilor etc. Fiecare membru al unei familii joacă mai multe roluri în funcţie de subsistemul din care face parte. De exemplu, pentru o mamă, dojana poate fi justificată însă, dacă nu este matură, flexibilă şi capabilă de a se adapta, a dojeni poate naşte o stare conflictuală.

Tehnica structurală de terapie familială pleacă de la ideea că ceea ce distinge o familie „normală", nu este familia care este lipsită de probleme, ci o structură funcţională care să ajute cuplul să se ghideze şi să se poată folosi de elementele specifice acelui sistem funcţional. Cuplurile trebuie să înveţe să se adapteze unul la celălalt, să decidă împreună asupra tuturor aspectelor funcţionale, să rezolve problemele profesionale şi să se armonizeze cu comunităţile lor. Primele reguli de constituire a unui cuplu ar trebui să îndeplinească două cerinţe structurale: acomodarea reciprocă şi stabilirea graniţelor. Fiecare partener trebuie să se adapteze aşteptărilor şi dorinţelor celuilalt. De asemenea, fiecare cuplu trebuie să stabilească o graniţă care să-i separe de familiile de origine. Ei nu trebuie să se simtă ca un subsistem al familiilor de origine, dar trebuie să îşi gândească viaţa proprie de familie în subsisteme: un subsistem parental şi un alt subsistem al copilului, iar raportarea la fiecare subsistem să fie obiectiv realizată prin valenţele pe care le presupun statusurile fiecărui subsistem.

Problemele familiale pot apărea atunci când structurile inflexibile ale familiei nu pot să se adapteze corespunzător provocărilor de maturizare sau situaţionale. Eşecul familiei de a face faţă situaţiilor poate fi datorat punctelor slabe din structura acesteia sau inhibiţiilor acesteia de a se adapta la noile împrejurări.

Terapeuţii structurali consideră că problemele familiale sunt menţinute de organizarea disfuncţională a familiei. Din această cauză, orientarea terapeutică vizează structura alterată a familiei cu scopul de a corecta deficienţele structurale (Nichols, Schwartz, 2005).

Procesul terapeutic porneşte de la înţelegerea structurii familiale, a subsistemelor, a graniţelor şi a ierarhiei familiale. După stabilirea relaţiei terapeutice, specialistul va face o diagnoză structurală şi va pune membrii în diferite situaţii pentru a-i face să conştientizeze forma în care interacţionează. În ultima fază a acestei terapii se realizează restructurarea familială care urmăreşte realizarea unei structuri de familie care să permită satisfacerea nevoilor individuale şi a celor de grup familial (Mitrofan, 2008, p. 171).

Problemele structurale ale familiilor sunt relativ dese la nivelul multor cupluri. Socializările diferite datorate diferenţelor culturale, datorate particularităţilor de gen sau

111

stimulate într-o structură familială autoritară sunt cauze primare în construirea unei ideologii structurale particularizate. Pe de altă parte, toleranța, lipsa de maturitate sau lipsa de abilități relaționale contribuie la acceptarea unor structuri familiale cu valențe contradictorii. Inactive în anumite circumstanțe, ele devin adevărate surse de conflict atunci când situațiile scot la iveală valori diferite, nevoi și așteptări distincte și modalități de acțiune în contrasens.

Terapia sistemică

Are la bază sistemul familial și, mai mult, se consideră că terapeutul nu este un element exterior familiei, ci unul direct implicat în viața acesteia. O altă caracteristică a terapiei sistemice este accentul pus pe schimbare și mai puțin pe menținerea homeostaziei cu scopul de a asigura echilibrul familial.

De multe ori, atunci când apare o problemă, metodele folosite pentru a o înlătura pot deveni ele însele probleme. Din această cauză, orientarea sistemică e importantă în constituirea lanțului cauzal pentru a putea aplica strategiile terapeutice. Din perspectivă sistemică, simptomul servește o anumită funcție în familie. De regulă, această funcție susține și promovează anumite idei, credințe, percepții sau fantasme și contribuie la manifestarea unor anumite comportamente care mențin stabilitatea grupului familial. Cu toate acestea, simptomul nu are decât rolul de a stabiliza rigid atmosfera familială (Mitrofan, Vasile, 2001, p. 172). Problemele resimțite la nivelul cuplurilor nu identifică întotdeauna sursa principală, ci doar efectele. Familiile care vin la terapie pentru a rezolva problemele existente în cuplu nu vor să cedeze nimic din structura sistemului lor pentru că, la o simplă apreciere subiectivă, sistemul creat le garantează un minim funcțional. În acest sens, Tomm Karl afirmă că familiile care apelează la ajutorul specialiștilor în terapie „caută să împiedice procesul schimbării, tocmai pentru a nu pierde stabilitatea / echilibrul obţinut cu ajutorul simptomului". Partenerii recunosc faptul că se confruntă cu dificultăţi, dar ca sistem, nu conştientizează nicio problemă şi vor să rămână neschimbaţi. Aceasta a dus la „crearea unor tehnici de terapie care să spargă bariera pusă de nevoile paradoxale ale familiei de a se schimba, dar şi de a rămâne stabilă, în acelaşi timp" (Karl, 1984, p. 115).

Tehnica sistemică porneşte de la a oferi o conotaţie pozitivă tuturor pattern-urilor rol de echilibru familial. Pornind de la discuţiile situaţiilor simple, familia este pusă în postura de a alege conştient sau nu, varianta schimbării pentru ca, în măsura în care celălalt partener va alege altă variantă, starea de impas creată îi va provoca să caute schimbarea pentru a păstra homeostazia (Mitrofan, Vasile, 2001, p. 174).

Aşadar, scopul terapiei sistemice de familie este acela de a ajuta membrii cuplului de a descoperi şi întrerupe sau de a schimba regulile interacţionale dintr-un sistem familial tensionat, adică de a reevalua şi redimensiona dinamica relaţională care crea disfuncţionalitate conjugală. Modalitatea găsită de cuplu pentru soluţionarea stării de tensiune este, de fapt, simptomul asupra căruia terapeuţii vor interveni.

Aplicarea terapiei sistemice ţine de îndeplinirea a trei principii: formularea ipotezelor, neutralitatea şi circulariatea.

Formularea ipotezelor presupune o colaborare a familiei cu terapeutul prin care ele nu sunt supuse unei judecăţi de valoare, ci se acceptă sau nu, în funcţie de utilitatea lor în procesul de investigaţie care să poată oferi date concrete şi consistente pentru schimbarea sistemului disfuncţional. Întrebările adresate cuplului vizează motivaţiile cuplului pentru terapie, stabilirea poziţiei de avantaj a unui membru şi de dezavantaj a celuilalt, dorinţa de schimbare sau nu etc. În baza acestor răspunsuri se vor reformula ipotezele sau vor fi create altele care să ducă la o înţelegere mai profundă a modului de organizare a sistemului familial.

Neutralitatea implică acţiunea liberă şi echidistantă a terapeutului. El nu emite judecăţi morale din perspectiva proprie, ci analizează fenomenul în contextul său pentru ca, noul sistem creat să fie consecinţa relaţionării personale a cuplului, acţiuni la care terapeutul are rolul de coordonator, eventual de corector atunci când simptomele tind să se reactiveze etc.

Ultimul principiu menţionat – circularitatea – presupune concentrarea atenţiei pe relaţiile existente în interiorul familiei şi conştientizarea percepţiilor diferite pe care le are fiecare membru al cuplului pentru a urmări, apoi, „cauzalitatea circulară" (Mitrofan, 2008, p. 175).

Tehnicile de investigaţie terapeutică folosite în abordarea sistemică sunt: tehnica întrebărilor circulare, utilizarea conotaţiei pozitive a motivelor, prescrierea simptomului, diversiunea mesajelor diferite lansate de terapeut, ritualurile şi ceremoniile, prescrierile invariante, contraparadoxul şi investigaţia.

Tehnica întrebărilor circulare vizează punerea unui membru al familiei într-o situaţie concretă pentru a comenta sau specula credinţele, sentimentele şi comportamentele membrilor familiei. Răspunsul are şi rol de diagnoză interacţională a întregului sistem familial. Terapeutul va evalua răspunsurile verbale şi atitudinile nonverbale care însoţesc răspunsurile cu scopul de a clarifica diversitatea concepţiilor şi de a putea face o comparaţie între opticile personale (Ibidem, p. 176).

Utilizarea conotaţiei pozitive presupune atribuirea de valenţe pozitive unor pattern-uri comportamentale simptomatice pentru urmărirea reacţiilor.

Prescrierea simptomului este acţiunea de a direcţiona familia sau un membru al ei să continue simptomul pentru care s-au prezentat la terapie. Dacă indicaţia este urmată, înseamnă că simptomul se află sub controlul voluntar sau involuntar al unei persoane. Dacă nu se urmează, înseamnă că persoana sau întreaga familie a renunțat la simptom și se poate funcționa fără el. Scopul tehnicii este acela de a stimula familia în a găsi soluții proprii.

Mesajele diferite lansate de terapeut reprezintă o strategie de diversiune cu scopul de a stimula familia la explicații, soluții și rezolvări în baza unor mesaje lansate pentru a crea diversitatea, pentru a pune în antiteză și care să încurajeze colaborarea partenerilor pentru a găsi soluția optimă (Mitrofan, Vasile, 2001, p. 182).

Ritualurile și ceremoniile urmăresc transmiterea unor sarcini către familia conflictuală. Scopul său este modificarea „jocurilor" relaționale ale familie. Procedeul necesită descrierea detaliată a acestui ritual. Procedeul stabilește un cadru obișnuit din viața de familie în care, de regulă, simptomul este prezent. Stabilirea exactă a sarcinilor stimulează cuplul la un tip de relaționare care micșorează până la anulare simptomul.

Prescrierile invariante sunt aplicații speciale pentru cazurile familiilor cu copii cu probleme de schizofrenie sau anorexici. Metoda constă în modificarea unor simptome prin care un cuplu încearcă să rezolve impasul. Ei vor fi intervievați separat, li se vor da prescripții clare în baza cărora să se traseze o graniță între cele două generații.

Investigarea este tehnica prin care unul dintre membrii familiei stimulează un alt membru împotriva celui de-al treilea. Această strategie este o formă de a controla și manipula cu propriile jocuri patologice și are un dublu efect: detensionarea și renunțarea la acest tip de interacțiune patogenă (Mitrofan, 2008, p. 177-178).

Structura unui proces terapeutic sistemic cuprinde patru mari etape: președința (analiza datelor disponibile și elaborarea ipotezelor), ședința propriu-zisă (testarea ipotezelor, introducerea întrebărilor circulare și obținerea

115

informaţiilor suplimentare), postşedinţa (analiza situaţiilor existente, conexarea noilor informaţii la ipotezele iniţiale, validarea / invalidarea şi reformularea lor) şi intervenţia finală (terapeutul, în baza datelor obţinute comentează cu familia aspectele simptomatice, în baza unor exerciţii de comunicare se prescrie indirect o serie de sarcini). Încheierea terapiei se face atunci când se ajunge la un acord între terapeut şi familie cu privire la momentul oportun (Mitrofan, Vasile, 2001, p. 186).

Intervenţia sistemică are avantajul de a oferi, printr-un proces de interacţiune a terapeutului cu familia, imaginea simptomului sau a simptomelor care tulbură viaţa de familie. Socializările familiilor de origine imprimă tinerilor o anumită conduită şi atitudine în viaţa de cuplu care, chiar şi în condiţiile în care nu ar fi suficient conştientizată, ea poate produce efecte negative la nivelul cuplului.

Terapia strategică de familie

Desprinsă dintr-un cadru mai larg care cuprindea orientarea comunicaţională, cea structurală şi cea sistemică, terapia strategică de familie pleacă de la ideea că familia este un sistem deschis, cu graniţe bine conturate, clare şi care permit schimbul de informaţii în mod adecvat şi predictibil, un sistem bine organizat şi structurat. Organizarea fiecărei familii presupune o structură verticală, adică o ierarhie care arată influenţa pe care o exercită un membru asupra altuia. Din punct de vedere strategic, funcţionalitatea familială se bazează pe legăturile dintre generaţii, iar controlul şi autoritatea sunt menţinute de părinţi. Familia conflictuală este caracterizată printr-o structura ierarhică neclară sau necorespunzătoare. Haley J. (1976, p. 104) este de părere că organizarea socială are probleme atunci când se realizează coaliţii între nivelele ierarhiei.

Atunci când astfel de coaliții se realizează în structura ierarhiei familiale, stările de confuzie, conflict de gen sau de rol sau ambiguitatea duc la tensiuni care pot dezvolta, în consecință, comportamente simptomatice.

Un alt punct de plecare în terapia strategică este și cel al sistemului de reguli. Orice familie își creează un sistem de reguli care o guvernează, iar pentru ca familia să fie înțeleasă mai bine este necesară decodificarea acestor reguli. Stabilirea regulilor se face, de obicei, în urma unor dispute privind controlul și puterea. Familiile tensionate au obiceiul de a muta accentul după „ce reguli ne sunt potrivite?" pe „cine face regulile?" (Mitrofan, Vasile, 2001, p. 144).

Pe de altă parte, formele de comunicare arată adaptarea la mesaje, la reguli și, prin aceasta, respectarea structurii ierarhice a grupului familial. Mesajele au funcția de comunicare și comandă. Relatarea sau conținutul mesajului conduce informația, iar comanda cere o afirmație despre definirea relației (Ruesch & Bateson, 1951).

Într-o familie, mesajele de comandă sunt considerate reguli care operează pentru homeostazia familială. Așadar, conform analizei comunicării, familiile acționează ca sisteme orientate către scop și sunt guvernate de reguli.

Modelul strategic oferă trei explicații de bază ale problemelor. În primul rând, dificultățile nerezolvate sunt transformate în probleme cronice care produc o *escaladare a feedback-ului pozitiv*. În al doilea rând, din perspectivă structurală, problemele sunt o consecință a ierarhiilor necongruente. În cel de-al treilea rând, din perspectivă funcțională, problemele rezultă din încercarea unui partener de a se proteja de celălalt, fapt pentru care face din simptom un instrument de acțiune asupra funcțiilor dintr-un sistem.

Așadar, percepția esențială asupra terapiei sistemice pleacă de la ideea că problemele sunt adesea menținute de pattern-urile de autoapărare ale comportamentului (Nichols, Schwartz, 2005).

Scopul terapiei strategice este intervenția asupra problemelor prezente și găsirea resurselor necesare rezolvării ei. Terapeuții strategi consideră mai puțin importante acțiunile care oferă posibilitatea insight-urilor dinamicii familiale și propun o atenție directă și mai pragmatică asupra soluționării problemelor. De aceea, un prim pas în terapia strategică este acela de a ajuta familia în a-și clarifica problema. Terapeutul are rolul de a evalua tipurile de interacțiuni familiale, pornind de la observațiile reclamate de soți raportate la observațiile personale din timpul ședințelor terapeutice. În baza acestor observații, terapeutul va avea datele necesare pentru a putea oferi directive clare pentru a face modificările funcționale necesare unei mai bune armonii în viața de cuplu.

Orientarea strategică mai face aprecieri și asupra cauzalității devianței juvenile afirmând că abaterile tinerilor de la norme au drept cauză conflictele dintre părinți care conduc la un nivel inadecvat de putere pentru unul dintre copii. Necesitatea intervenției strategice ar consta, în aceste situații, la recăpătarea controlului parental (Mitrofan, 2008, p. 173).

Dezvoltarea unui astfel de proces terapeutic presupune, după Walsh & McGrow (1986) respectarea a cinci stadii de bază: stabilirea relației terapeutice (relația dintre terapeut și familia asistată, interacțiunea terapeutului cu fiecare membru al familiei), clasificarea problemei prezente (cine deține sursa de tensiune, mecanismul conflictului, intervievarea fiecărui membru pentru a observa opiniile fiecăruia și diferențele de optică), interacțiunea (evaluarea stilului interacțional al membrilor familiei, în anumite situații se pot încuraja aspectele simptomatice ale copiilor pentru a vedea dinamica disfuncțională a familiei), stabilirea scopurilor de viitor (implică familia într-un dialog în care, dirijat de terapeut, sunt stabilite scopurile și viața cuplului, se pot sintetiza problematicile studiate şi se pot face contracte verbale pentru a stimula motivaţiile pentru schimbare), dezvoltarea unui plan (stabilirea modului de realizare a obiectivelor propuse, inventarierea unor instrucţiuni clare pentru a fi apoi aplicate etc.) (Mitrofan, Vasile, 2001, p. 150).

Abordarea strategică însumează mai multe dimensiuni. Deşi pare generală, aplicarea ei cere înainte un lung proces de evaluare a familiei deoarece dimensiunile cauzale ale metodei sunt mult mai largi decât în cazul altor forme de intervenţie terapeutică.

Terapia narativă

Abordarea narativă pentru terapia familiei pare metoda cea mai folosită a postmodernităţii. Strategia terapeutică porneşte de la ideea că experienţa personală este fundamental ambiguă. Aceasta înseamnă că înţelegerea experienţei umane nu este doar un proces de observare şi analiză deoarece elementele experienţei umane sunt înţelese numai printr-un proces care organizează aceste elemente, le pune împreună, desemnează înţelesuri şi le dă priorităţi. Experienţa trebuie interpretată nu în contextul general, ci în cel personal, fapt pentru care forma narativă oferă cadrul optim expunerii experienţelor şi asigură interpretării elementele necesare. Metoda narativă se concentrează asupra cogniţiilor de autoapărare şi oferă, astfel, înţelegerea experienţelor clienţilor din propria lor perspectivă. Terapeuţii sunt interesaţi, prin procesul naraţiunii, de impactul problemei asupra familiei şi, din această cauză, tehnica naraţiunii devine esenţială pentru evidenţierea elementelor constitutive ale unui proces, maniera de acţiune, motivaţia personală şi experienţa trăită (Nichols, Schwartz, 2005).

Crezul terapiei narative este „Persoana nu se identifică niciodată cu problema. Problema este problemă." Problema are identitate diferită de identitatea personală. Folosind tehnica externalizării, terapeutul încearcă să separe problema de persoană (Cum îți afectează această problemă viața?). Tehnica externalizării are rolul de a ajuta un pacient să evite atașarea lui de problemă, dar să îl și ajute să-și asume responsabilitatea pentru propriul comportament (Mitrofan, Vasile, 2001, p. 205).

Tehnica externalizării conduce pacientul la o nouă viziune asupra propriei persoane ca fiind liberă și capabilă de a alege variante de rezolvare a problemei.

În viziunea lui Michael White (1988, p. 39-40), practica externalizării produce o serie de efecte pozitive precum: reduce conflictele neproductive dintre persoane cu privire la stabilirea vinei, elimină sentimentul de eșec (ca efect al problemei), oferă direcții de cooperare cu alții și de rezolvare a problemei, oferă alternative de acțiune pentru recuperarea relațiilor cu alte persoane aflate sub impactul problemei, oferă cadrul optim pentru dialog.

Aplicarea tehnicii narative are ca prim pas, așa cum s-a amintit, externalizarea. Externalizarea implică uneori și personificarea problemei care presupune, în acest moment terapeutic, detașarea problemei de pacient. Dacă sunt îndepliniți acești primi doi pași în strategia terapeutică (externalizarea și personificarea), în pasul al treilea se caută identificarea căilor prin care problema a creat probleme persoanei și / sau familiei (Mitrofan, Vasile, 2001, p.209).

Tehnica narativă este des folosită. Ea oferă posibilitatea detensionării și are posibilitatea aprecierii problemelor în contextul concret al situațiilor. Deși se cere a fi o tehnică a terapiei familiale, acționează mai mult la nivel individual, fapt care i-a adus și anumite critici. Cu toate acestea, metoda narativă oferă terapeutului date destul de profunde asupra problematicii, simptomului, condițiilor subiective în care s-au derulat evenimentele și evidențiază o serie de resurse în baza cărora un specialist poate acționa pentru rezolvarea stării tensionate a individului sau familiei.

Terapia experiențială

Aplicată după principiile psihologiei umaniste, tehnica terapeutică are la bază ideea „experienței aici și acum". Terapia experiențială este focalizată mai mult pe experiența emoțională decât pe interacțiune și dinamica ei. După o perioadă scurtă de aplicare, metoda a primit critici datorită faptului că accentul pus pe individ și trăirile sale oferă date prea puține atâta timp cât nu sunt evaluate sistemele și interacțiunea dintre ele. După 1985, terapia experiențială este revigorată cu ajutorul a două nume mari precum Greenberg Johnson care accentua terapia focalizată emoțional și Schwartz (1995) care punea accent pe modelul sistemelor interne ale familiei. Din cele două orientări s-a creat o variantă mai echilibrată prin aceea că s-a realizat o legătură între analiza impactului emoțional și modul în care este focalizată experiența individului în sistemul familial.

Terapia experiențială pleacă de la o premisă de bază: cauza și efectul problemelor familiei sunt reprimarea emoțiilor. Astfel, pentru a învăța un copil că nu poate face întotdeauna ceea ce are chef să facă, unii părinți au tendința de a confunda funcțiile instrumentale cu cele emoționale. În consecință, ei vor reglementa și coordona acțiunile copiilor, controlând, de fapt, sentimentele acestora. În aceste situații, copiii vor învăța să-și tocească experiența emoțională pentru a evita să facă valuri. În multe cazuri, familiile disfuncționale tind să fie mai puțin tolerante la experiențele care semnalează individualitatea. Acesta este motivul pentru care, spun adepții acestei forme terapeutice, copiii unor astfel de familii simt numai reziduuri ale afectului reprimat: plictiseală, apatie și / sau anxietate. Perspectiva experiențială vede rezolvarea unor astfel de probleme prin acțiuni care permit membrilor familiei să aibă acces la sentimentele reale, la speranţele şi dorinţele lor. Metoda terapeutică acţionează din interior, dezvăluind emoţiile reale ale oamenilor, redând autenticitatea grupului familial şi consolidând şi mai mult solidaritatea (Nichols, Schwartz, 2005).

Cel mai mare reprezentant al terapiei experienţiale, Virginia Satir dezvoltă terapia experienţială pornind de la strategiile comunicaţionale. Ea a ajuns la concluzia că membrii unei familii pot fi învăţaţi să comunice mai uşor dacă respectă anumite criterii precum:

• comunicarea congruentă – fiecare membru îşi comunică părerile, sentimentele în mod liber, fără teama de a fi respins, de a fi izolat sau de a stârni aversitate

• rolurile să fie flexibile, în funcţie de situaţie, adică o dinamică mai mare şi mai uşor transmisibilă care să permită o rază mai mare de acţiune şi interacţiune a membrilor familiei. Rolurile prestabilite sau îndeplinirea rigidă a rolurilor stabileşte o relaţie limitată, în care fiecare îşi ştie sarcinile şi limitele, iar restul emoţiilor, sentimentelor, dorinţelor de acţiune ar fi reprimate

• Roluri clare şi relaţii satisfăcătoare cu exteriorul care să nu-i limiteze acţiunile sau care să nu-l frustreze pentru faptul că ar înţelege dinamica unui rol sau limitele sale (Iolanda Mitrofan, 2008, p. 172-173).

Pentru o acţiune terapeutică eficientă, un terapeut trebuie să îşi asigure un grad suficient de încredere între membrii familiei. Crearea mediului de încredere îi oferă terapeutului posibilitatea unei mai bune interacţiuni cu membrii familiei şi, totodată, familia se va motiva şi mai bine pentru a răspunde solicitărilor acestuia.

Scopurile acestor proceduri, după cum spune cea mai de seamă reprezentantă a terapiei experienţiale, Virginia Satir (1972, p. 120), sunt următoarele:

- obişnuirea fiecărui membru al familiei de a exprima liber şi nestingherit sentimentele, opţiunile sale, opiniile sale în legătură cu ceilalţi membri ai grupului, deci a fi el însuşi;
- obişnuinţa de a se adresa fiecărei persoane din grupul familial în termenii unicităţii sale pentru a se putea lua decizii prin explorare şi negociere şi nu prin stabilirea unor relaţii ierarhice, de putere;
- conştientizarea diferenţelor dintre membrii familiei pentru a putea fi folosite în relaţionare.

Procesul terapeutic reprezintă un demers în care specialistul învaţă familia să identifice stilurile de comunicare folosite şi care este modalitatea prin care pot ajunge la o comunicare congruentă: exprimarea deschisă a acordului / dezacordului, să vorbească deschis despre temerile, speranţele şi dorinţele lor, să ceară explicaţii, informaţii fără să le fie teamă de consecinţe, să empatizeze şi să diminueze mesajele ascunse prin comunicare. Această strategie largă îi ajută pe membrii grupului să descifreze mesajele mai uşor, să se înţeleagă mai bine, să se tolereze şi să se sprijine. Multe familii conflictuale au reguli implicite pe care membrii fie nu le cunosc, fie nu le respectă. Această stare este o piedică frecventă în calea unei comunicări libere şi deschise (Mitrofan, 2008, p. 172).

Varietatea tehnicilor de aplicare a metodei terapeutice experienţiale arată capacitatea mare de intervenţie, în situaţii cât mai diversificate. Există forme structurate de aplicare, dar şi nestructurate pentru un anumit tip de situaţie.

Tehnica structurată a terapiei experienţiale urmăreşte să conştientizeze pacienţii asupra trăirilor proprii, asupra imaginilor de sine, a percepțiilor reciproce, asupra gândurilor și atitudinilor nemărturisite despre ceilalți. Se utilizează o serie de exerciții de comunicare prin care sunt conștientizate sentimentele proprii, se urmărește îndepărtarea lamentărilor trecutului și se caută crearea unor soluții „aici și acum" chiar de către membrii grupului familial.

Tehnica nestructurată nu urmărește o structură strategică, pregătită în prealabil, ci se insistă pe spontaneitatea și creativitatea de a fi ei înșiși într-o relaționare directă în care sentimentele sincere, părerile, percepțiile reciproce oferă imaginea reală a experienței personale. Împărtășirea deschisă și liberă a sentimentelor și conlucrarea permanentă cu terapeutul asigură echilibrul discuțiilor și oferă posibilitatea descoperirii reciproce a celuilalt. Aplicarea nestructurată a strategiei terapeutice experiențiale se poate face după ce membrii familiei au fost cunoscuți, când particularitățile lor au fost înțelese de terapeut și când acesta și-a format o imagine de ansamblu asupra întregului mediu familial.

Terapia sistemică de familie a lui Murray Bowen

Murray Bowen a dezvoltat o formă psihodinamică a teoriei sistemelor care are la bază ideea că fiecare familie dezvoltă un sistem de relații emoționale. Abordarea lui Bowen concentrează atenția asupra unui membru al familiei, urmărind modul în care relaționează acesta cu restul familie. Forma terapeutică reprezintă aplicarea unui număr de opt concepte interconectate și anume:

- *diferențierea Sinelui* – gradul de autonomie pe care îl are o persoană în timp ce rămâne în relație semnificativă cu ceilalți. Acțiunea de diferențiere a Sinelui urmărește evaluarea celor două forțe de interacțiune: forța care îi determină pe membri la unitate și forța care îi împinge spre individualism. Rolul specialistului constă în a ajuta un individ să se desprindă din nediferențierea familială simbiotică deoarece cu cât diferențierea va crește, cu atât persoana va fi mai vulnerabilă la stres;

* *sistemul emoțional familial nuclear* – cuantifică modalitățile de relaționare emoțională din familiile nucleare. În fața anxietății unuia dintre membrii familiei, distanța emoțională a celorlalți membri poate crește, iar modalitatea de a înțelege o astfel de stare poate fi apreciată diferit, ceea ce crește șansa de conflict. Cu cât o familie este mai fuzională, cu membri mai puțin diferențiați, cu atât nivelul anxietății este mai mare. Dinamica acestor intervenții parentale poate duce la o slăbire a capacității copilului de a acționa eficient în diferite contexte sociale (Iolanda Mitrofan, 2008, p. 169);

* *triangularea* – unitatea de bază a interdependenței în sistemul emoțional familial. Bowen consideră că o diadă (un sistem de două persoane) este stabil atâta timp cât nu apar factorii stresori. Stresorul, a treia persoană, este cel mai adesea atras în câmpul emoțional al celor doi (ex.: atunci când apare un conflict între doi soți, unul dintre ei poate apela la propria mamă pentru a reduce anxietatea. Această atitudine arată o atragere a unei a treia persoane în câmpul emoțional al celor doi);

* *procesul proiectiv al familiei* – evaluează imaginea unui anumit tip de atitudine parentală. În situații obișnuite, un copil va avea o implicare emoțională mai mare cu unul dintre părinți (fie o supraimplicare în sensul unor griji excesive față de ce se întâmplă cu propriul copil, fie printr-o acțiune ostilă acțiunilor copilului);

* *distanțarea emoțională* – din încercarea de a face față fuziunii sau absenței diferențierii în relațiile lor interne, membrii familiei sau anumite segmente ale sistemului

125

extins, pot crea distanţe unul faţă de celălalt şi pot deveni separaţi emoţional (Hal, 1981). Întreruperea sau distanţarea emoţională, afirmă Kerr (1981), poate produce probleme din cel puţin două perspective:

a. fuziunea dintre două generaţii scade anxietatea asociată cu contractul familial

b. fuziunea dintre două generaţii creează o problemă prin aceea că poate izola indivizii care beneficiază de contract

Rezultatul separării emoţionale constă în încorsetarea individului în sistemul emoţional al familiei care îl face prea puţin capabil de a răspunde cu eficienţă în faţa problemelor.

- *procesul de transmitere multigeneraţională* – tendinţa unor membri de a repeta pattern-uri disfuncţionale ale familiilor de origine care au ca prim efect capacitatea scăzută de diferenţiere a eului la generaţiile tinere. În consecinţă, preluarea şi promovarea acestor pattern-uri va genera niveluri tot mai scăzute de diferenţiere a eului ceea ce va duce la o creştere treptată a disfuncţio-nalităţii (Mitrofan, Vasile, 2001, p. 124-125);

- *poziţia de frate sau soră* – distribuţia pe sexe şi vârstă din familiile de origine au o mare influenţă asupra comportamentului deoarece rolurile diferite asociate poziţiilor avute în structura fraternală pot dezvolta şi orienta structuri de rol diferite cu cele cerute de egalitatea de rol. Bowen a ajuns la concluzia că pattern-urile interactive dintre cuplurile maritale pot fi legate de rolurile indivizilor din familiile de origine (Ibidem, p. 126);

- *regresia socială* – interacţiunea socială este o consecinţă a proceselor caracteristice familiilor. Dacă anxietatea din mediul familial, cauzată de diferitele probleme ale vieţii cotidiene duce la reactivarea emoţională, există tendinţa ca, în acţiunea de rezolvare a problemelor, membrii familiei să aibă o capacitate mai scăzută de intervenţie datorate intervenţiei ineficiente a proceselor emoţionale. Tendinţa de acţiune prin reactivarea emoţională în detrimentul sistemului intelectual, obiectiv, centrat pe problemă constituie o acţiune de regresie socială.

Metoda lui Murray Bowen are meritul de a contabiliza şi analiza unii dintre principalii opt factori de stres familial, în demersul unui proces terapeutic. Metoda acţionează asupra unui membru dar nu exclude grupul. Ea urmăreşte dezvoltarea integră a sinelui şi modalitatea de interacţiune la nivelul unei familii cu scopul de a armoniza mediul familial, promovând manifestarea liberă a personalităţii fiecărui membru al cuplului.

Terapia centrată pe problemă

Identificarea problemei şi stabilirea sarcinilor care revin unui cuplu pentru rezolvarea stărilor conflictuale nu presupune şi rezolvarea problemei. Dacă în prima fază, după evaluarea terapeutului, pacientul trebuie să recunoască problema, să dorească schimbarea şi să facă ceva în acest sens, capacităţile de aplicabilitate şi de asumare a unor sarcini pot crea diferite deviaţii în aşa fel încât efectul să nu fie cel scontat.

În suficiente situaţii persoana care se consideră afectată de o problemă a cuplului vine la terapeut pentru a-i comunica acestuia că, în urma încercărilor sale eşuate de a-l schimba pe soţ, preferă să divorţeze deoarece nu mai sunt şanse de reconciliere. De cele mai multe ori, inutilitatea acţiunilor de reconciliere derivă nu din metodă, ci din modalitatea de acțiune, deoarece motivele disensiunilor se află la nivelul regulilor dintre parteneri. Lipsa flexibilității unuia dintre parteneri sau chiar a ambilor parteneri îi fac mai puțin adaptabili unul celuilalt, mai puțin toleranți și cu disponibilități reduse de comunicare. Chiar și în situațiile în care regulile rigide ale unui mariaj nu sunt exteriorizate, nemulțumirile și disfuncționalitățile nu întârzie să apară. Problemele acumulate în timp produc anumite stări conflictuale, iar neglijarea lor, capacitatea redusă de comunicare fac ca aceste stări să reapară mereu, în noi forme de manifestare. Rolul terapeutului este de a anula aceste surse conflictuale și de a aduce cuplul la starea funcțională. Lipsa unei evaluări eficiente din partea terapeutului poate reduce ședințele de terapie la simple conversații despre probleme conjugale.

Centrarea atenției pe problemă va permite o evaluare corectă a situațiilor. Neglijența în psihoterapie poate consta, din această perspectivă, în a confunda cauza cu efectul generat de o problemă. Stabilirea strategiilor de rezolvare a problemei constă în cuantificarea corectă a capacităților și posibilităților personale ale cuplului de a le îndeplini, deci o adaptare a sarcinilor la particularitățile cuplului.

Motivarea membrilor cuplului disfuncțional pentru a urma indicațiile specialistului poate avea forma indirectă sau cea directă. Indirect, terapeutul îi va determina pe parteneri să vorbească despre problemă, despre acțiunile prin care au încercat să rezolve problema, stimulați fiind să caute explicații și pentru eșecul acestor metode de reconciliere.

În mod direct, terapeutul va stimula comunicarea dintre parteneri, insistând asupra gravității situației în care se află, din rațiuni motivaționale. Conștientizarea stării în care se află cuplul va putea fi folosită de terapeut pentru a transmite sarcini partenerilor.

Abordarea problemei trebuie să țină cont de 5 factori importanți: să se evite minimizarea problemelor (ceea ce este mai puțin important pentru un specialist, poate fi o problemă de esență pentru un cuplu conflictual), evitarea lucrurilor abstracte (centrarea atenției către problemele care presupun fapte concrete care trebuie evaluate), evitarea coalițiilor (terapeutul va fi atent să nu fie prins într-o coaliție; el va asigura imparțialitatea), accentuarea rolului prezentului și depășirea trecutului (asigurarea unor resurse prezente care să permită depășirea unor probleme din trecut), evitarea unor situații care să ducă la reacții ireversibile (menținerea echilibrului relațional, a flexibilității și asigurarea mediului optim dialogului, negocierii și toleranței) (Iolanda Mitrofan, Cristian Ciupercă, 2002b).

Avantajul acestei forme terapeutice constă într-o aplicabilitate largă, ușor adaptabilă, cu reguli create mai mult în funcție de cuplul conjugal decât, general, în baza unei strategii prestabilite teoretic. Ea pune în relație cuplul cu problemele sale și terapeutul, într-un exercițiu continuu de interacțiune în care sunt expuse problemele, acestea sunt conștientizate și se caută soluții sub directa coordonare a terapeutului. Metoda evaluează inclusiv formele prin care cuplul a încercat medierea, evidențiază lipsurile și oferă premise reale pentru refacerea echilibrului relațional.

Aplicarea strategiilor terapeutice nu asigură prin sine și succesul. Suma greu de contabilizat de factori personali, profesionali, de limită tehnică etc. nu poate garanta întotdeauna refacerea relației de cuplu. Ca orice strategie, psihoterapiile își au limitele lor și au atât avantaje, cât și dezavantaje. Avantajele psihoterapiei constau în faptul că se face apel la sugestie, la roluri tehnice active, la focalizarea pe travaliul analitic care pot ajuta la deblocările sau stângăciile unui cuplu. Dezavantajele psihoterapiei derivă din modalitatea în care sunt înțelese și aplicate constrângerile, regulile, motivațiile etc. Pe de altă parte, vulnerabilitatea motivațiilor, costurile de timp, costurile materiale pot fi piedici reale în psihoterapie (Widlöcher, Braconnier, 2006, p. 37).

Aplicarea strategiilor terapeutice trebuie să se facă prin raportarea la mai mulți factori tehnici specifici procesului terapeutic, dar și celor de natură personală, specifici cuplului sau fiecărui partener în parte. Adaptarea procedurii terapeutice la tipul de cuplu, la problemă constituie o primă premisă pentru succes. Pe de altă parte, capacitatea de interacțiune a specialistului, capacitatea de a acționa obiectiv și de a evalua problemele în contextul lor vin să completeze celelalte elemente care vor susține eficacitatea unei metode terapeutice.

3.4. Instabilitatea cuplului conjugal modern – perspectiva funcționalistă

Omul este considerat o ființă socială, care nu poate trăi izolat, ci simte permanent nevoia de interacțiune cu cei din jurul său. Una dintre cele mai profunde legături, încărcate cu sentimente și trăiri afective, se constituie prin intermediul cuplului, care poate fi considerat nodul de legătură între individ și restul societății, permițând în același timp dezvoltarea personală a individului în integritatea sa.

Iolanda și Nicolae Mitrofan definesc cuplul conjugal drept "nucleul generativ al microgrupului familial, exprimând structural și funcțional modul în care două persoane de sex opus, după ce se căsătoresc, se intermodelează creator, dezvoltându-se, motivându-se și determinându-se mutual, prin interacomodare și interasimilare, simultan în plan biologic, psihologic și social" (Mitrofan, Mitrofan, 1991, p. 97). Din acest punct de vedere, cuplul conjugal poate fi privit drept un act voluntar de uniune, în direcția construirii unei structuri stabile, în care ambii parteneri se regăsesc și care permite dezvoltarea acestora sub multiple aspecte. În ceea ce privește viața conjugală, există un schimb permanent de informații între parteneri, ceea ce face posibilă asimilarea de noi obiceiuri și conduite, care devin convergente în interiorul cuplului. Prin procesul de asimilare, partenerii reușesc să se adapteze reciproc nevoilor pe care le are fiecare dintre ei, ceea ce permite dezvoltarea cuplului și, implicit, a rezistenței acestuia împotriva factorilor externi care pun presiune asupra lui. Altfel spus, cei doi parteneri "se realizează ca individualități biologice psihologice, afective și sociale, unul prin intermediul celuilalt" (Mitrofan, Ciupercă, 1998, p. 14).

Așadar, cuplul conjugal nu reprezintă o simplă asociere între două persoane, ci devine un adevărat mod de a fi, de a conviețui, o nouă identitate pe care cei doi parteneri și-o formează. O caracteristică marcantă a cuplului conjugal este complementaritatea partenerilor, compatibilitatea existentă între aceștia din punct de vedere atitudinal și comportamental. Prcesele de interacțiune, interacomodare și intermodelare permanentă între cei doi parteneri sunt trăsături vitale ale cuplului conjugal, în sensul menținerii stabilității acestuia, dar și a dezvoltării și împlinirii personale a celor doi parteneri.

Viața de cuplu a fost considerată întotdeauna "o formă stabilă de comunitate umană" (Apostu, 2015, p. 17), indiferent de societatea sau contextul social la care ne raportăm. Cu toate acestea, cuplul conjugal a cunoscut numeroase transformări din punct de vedere structural și funcțional, datorită schimbărilor prin care societatea a trecut de-a lungul timpului, sub toate aspectele ei. Tranziția de la tradiționalitate la modernitate a adus cu totul o altă semnificație noțiunii de cuplu, lucru care se datorează, în principal, schimbărilor de atitudini și mentalități, asociate în epoca modernă cu noii factori economici, sociali și culturali. Viața de cuplu, aflată într-o permanentă dinamică, a venit în contact cu mentalități moderne cu privire la nupțialitate, îndepărtându-se treptat de valorile fixe, conservatoare specifice perioadei tradiționaliste.

Cadrul specific al familiei tradiționale este reprezentat de satul românesc. Acesta se particularizează într-un tip de societate statică, închisă, care conturează valori conservatoare aflate în strânsă legătură cu comunitatea și biserica. Atitudinile și comportamentul individului sunt modelate de obiceiurile și tradițiile specifice contextului social respectiv, în care se punea un accent deosebit pe normele stabilite de comunitatea familiei extinse. Cu alte cuvinte, tradiționalitatea a făcut ca "personalitatea individuală să fie absorbită în personalitatea colectivă, indivizii depinzând în foarte mare măsură de familie și, implicit, de societate" (Mitrofan, Ciupercă, 1998, p. 29). Trăsăturile de bază ale familiei tradiționale, caracterizate, în principal, de conservatorism, sunt: "autoritatea patriarhului, dependența completă a copiilor de comunitatea familiei, instrucția familială, nu personală" (Bădescu, 2011, p. 362).

În interiorul familiei tradiționale, autoritatea era de tip patriarhal. Bărbatul era cel care îi domina pe toți ceilalți membri ai familiei, întrucât el reprezenta sursa veniturilor în gospodărie. Pe de altă parte, femeia era supusă bărbatului, principalele sale ocupații fiind cele de întreținere a gospodăriei și îngrijire a copiilor. Acest stil de viață caracterizat de ierarhie, conformism și represiune, era cel care consacra anumite raporturi de autoritate, precum: „autoritatea părinților asupra copiilor, a vârstinicilor asupra celor tineri, a fraților mai mari asupra celor mai mici" (Mitrofan, Ciupercă, 1998, p. 34).

Pe lângă raporturile de autoritate reglementate de valorile conservatoare ale perioadei tradiționale, o altă trăsătură importantă a familiei din această perioadă este reprezentată de relațiile maritale coordonate exclusiv de către biserică și comunitate. Alegerea partenerului de viață nu se baza pe sentimente de afecțiune, ci era făcută de către părinți, care aveau sarcina de a se asigura că viitorul partener deține resursele necesare pentru sporirea averii în cadrul familiei care urma să se constituie. Un alt element esenţial pentru încheierea unei căsătorii era zestrea. Acest lucru conturează şi mai mult motivaţia şi interesele economice ale familiei asupra viitoarei căsnicii, fără să se ţină cont de posibilitatea alegerii libere a partenerului. Cu atât mai mult, Biserica avea o mare influenţă asupra relaţiilor afectiv-sexuale din cadrul cuplului conjugal, prin faptul că reglementa frecvenţa acestora şi chiar le interzicea în anumite perioade de timp.

Luând în considerare trăsăturile familiei tradiţionale, aşa cum au fost prezentate anterior, se poate constata faptul că „tradiţionalitatea, în complexitatea ei, s-a impus ca o forţă imperativă care a dat prescripţii clare în toate domeniile vieţii sociale" (Apostu, 2015, p. 84). Rezistenţa familiei tradiţionale de-a lungul timpului s-a datorat unor factori precum: conservarea solidarităţii familiale, menţinerea unui grad ridicat de coeziune la nivelul comunităţii, menţinerea unei rate foarte scăzute a divorţialităţii în această perioadă, păstrarea unor valori familiale clasice. Dincolo de caracterul strict al acestor factori, tradiţionalitatea a avut marele avantaj de a asigura stabilitatea familiei pentru o perioadă îndelungată de timp.

Tranziţia de la tradiţionalitate la modernitate a fost marcată de procesul de industrializare. Producţia economică din agricultură, care asigura existenţa familiei tradiţionale, s-a mutat în fabrică, odată cu industrializarea. Acest lucru a determinat schimbări în cadrul familiei, în special din punct de vedere structural: numărul membrilor a fost redus, familia s-a separat de comunitatea care o înconjura, lucru care a creat cadrul propice pentru desfăşurarea unui stil de viaţa independent. Odată cu modernitatea, viaţa conjugală capătă noi semnificaţii. În primul rând, este accentuată latura afectivă, punându-se mai mult preţ pe sentimente. Aşa cum susţine Cristian Ciupercă, "dragostea, opusul autorităţii în ceea ce priveşte relaţia maritală în tradiţionalism, reprezintă o formă a atracției interpersonale care implică o mai mare profunzime a sentimentelor" (Ciupercă, 2001, p. 3). Valorizarea sentimentelor a determinat adoptarea unui mod de viață independent. Din acest punct de vedere, spațiul intim al partenerilor este mult mai bine definit decât în perioada tradițională. O trăsătură definitorie a familiei moderne o reprezintă schimbarea rolurilor și a raporturilor de autoritate. Emanciparea femeii și pătrunderea acesteia pe piața muncii și-a pus amprenta asupra modului de funcționare a vieții de cuplu. Femeia devine egală cu bărbatul din aproape orice punct de vedere, aceasta implicându-se tot mai mult în activități specific masculine. Imaginea bărbatului care domină în viața conjugală și cea parentală este completată de cea a femeii, lucru care definește o altă trăsătură specifică familiei moderne – asimetria, care se referă la intenția unuia dintre soți de a domina viața conjugală. Astfel, "egalitatea poate fi înțeleasă printr-o complementaritate a rolurilor, atitudinilor și comportamentelor dintre cele două sexe, printr-un echilibru al domeniilor și nivelurilor în care cei doi soți își exercită autoritatea și puterea" (Apostu, 2016, p. 46).

Emanciparea femeii a determinat totodată tendința cuplului conjugal de a amâna pe cât posibil apariția descendenților în cadrul familiei. Pe lângă acest lucru, în familiile cu descendenți, emanciparea femeii și schimbarea rolurilor conjugale a dus la slăbirea legăturilor dintre părinți și copii, astfel că familia transferă o parte din sarcinile pe care ar fi trebuit să le îndeplinească unor instituții specializate în aceste sens, precum: grădinițe, creșe, after school. Așadar, în perioada modernă școala înlocuiește educația oferită de părinți și preia tot mai multe dintre atribuțiile acesteia, prin faptul că, încă de la o vârstă fragedă, copiii sunt plasați în diferite instituții din pricina faptului că părinții nu dețin resursele de timp necesare creșterii și educării acestora.

Toate aceste schimbări au determinat de fapt apariţia unor disfuncţionalităţi deosebit de accentuate, astfel că frecvenţa separărilor conjugale a crescut considerabil în această perioadă în spaţiul european: "Niciodată până acum nu au existat atâtea separări şi căsnicii destrămate ca tocmai în secolul căsătoriei din dragoste" (Dorrzapf, 1999, p. 272). Teoria care explică acest paradox a fost formulată de Émile Drukheim. Acesta consideră că, "spre deosebire de solidaritatea mecanică (specifică perioadei tradiţionale), care se bazează pe împărtăşirea aceloraşi sentimente şi valori, solidaritatea organică (specifică perioadei moderne) promovează seturi de valori diferite şi minimalizează sentimentul şi pasiunea" (Zamfir, 1989, p. 30 apud Mitrofan, Ciupercă, 1998, p. 30). Astfel, legăturile personale scad în intensitate, iar legăturile funcţionare, cerute de diviziunea muncii, cresc. Datorită diversităţii rolurilor, se reduce semnificativ posibilitatea întemeierii unor relaţii interpersonale de lungă durată, acestea fiind limitate doar la situaţii formale, lipsite de conţinut afectiv.

În trecerea de la tradiţionalitate spre modernitate, viaţa de cuplu a cunoscut numeroase schimbări, care au afectat semnificativ modul de funcţionare şi rezistenţa acesteia în timp. Din acest punct de vedere, coeziunea şi stabilitatea cuplului sunt strâns legate de îndeplinirea funcţiilor conjugale. Astfel, în baza realizării totale, parţiale sau nerealizării funcţiilor conjugale, cuplul conjugal poate fi considerat funcţional sau disfuncţional. Disfuncţionalitatea presupune o carenţă în sistemul funcţional sau lipsa totală a unor funcţii din sistem. Pentru a identifica şi analiza disfuncţiile din interiorul cuplului conjugal, este necesar să observăm mai întâi modul în care acesta funcţionează.

1. *Funcţia biologică şi sanitară a familiei – securitate biologică, sexualitate şi reproducere:* această funcţie face referire, pe de-o parte, la nevoile biologice pe care le are orice persoană, cu

135

scopul dezvoltării fizice a acesteia (hrană, îmbrăcăminte, condiții de locuit, condiții de igienă) și, pe de altă parte, la modalitatea în care pot fi îndeplinite aceste nevoi, pentru a putea fi asigurată funcționalitatea primară la nivel individual sau de cuplu.

De asemenea, funcția biologică implică și o componentă sexuală, care se manifestă pe două niveluri. În primul rând, ca „sumă de elemente care pot fi cuantificate din perspectiva necesității lor psihologice, de trăire fizică a unor emoții generate de sentimentele reciproce" (Apostu, 2015, p. 23). Din acest punct de vedere, unitatea și stabilitatea cuplului nu se rezumă strict la relațiile sexuale dintre cei doi parteneri, ci pune accent și pe sentimentele și trăirile afective care stau la baza acestora. Cel de-al doilea nivel se constituie ca sumă a elementelor care se raportează la aspectele demografice, ce reprezintă baza constituirii și evoluției viitoarelor generații.

2. *Funcția economică – securitatea materială a familiei*: această funcție se raportează la ideea că, în interiorul unui cuplu conjugal, celor doi parteneri le revine sarcina de a asigura, prin contribuția lor, anumite condiții de ordin material, care influențează buna desfășurare a vieții conjugale. În abordarea funcției economice s-a realizat o dimensionare a acesteia pe trei paliere care o condiționează: "componenta productivă (în mediul familial și cel instituționalizat), componenta pregătirii profesionale (dezvoltarea unei munci calificate, un standard economic mai bun, pentru muncitorul specialiat, sănătate finainciară, etc.) și administrarea bugetului (repartizarea cheltuielilor pe categorii de buget, pe priorități etc.)" (Voinea, 1993, p. 51).

3. *Funcția de socializare – de la educația primară la educația instituțională*: această funcție are un rol foarte important, deoarece, prin intermediul familiei, copilului îi sunt transmise anumite valori și norme de comportament care influențează

crucial dezvoltarea ulterioară a acestuia ca membru al societății. Există patru dimensiuni ale educației furnizate de către familie: normativă (cuprinde principalele reguli de conviețuire în cadrul societății), cognitivă (cuprinde cunoștințele necesare care îi oferă individului posibilitatea inițierii unor acțiuni persoanale, concrete), creativă (stimularea capacităților creative ale copilului) și psihologică (stimularea încrederii în sine, dezvoltarea anumitor calități și abilități care facilitează traiul în comunitate) (Voinea, 2005, p. 29).

4. *Funcția de solidaritate – coeziune și interdependență*: este privită ca fiind o consecință a celorlalte funcții, deoarece solidaritatea conjugală poate fi considerată rezultatul îndeplinirii optime a tuturor celorlalte funcții menționate anterior. Ea se construiește în baza legăturilor de reciprocitate, cooperare și comunicare dintre cei doi parteneri, fiind bazată pe încredere. Îndeplinirea optimă a acestei funcții asigură coeziunea și unitatea cuplului conjugal din perspectivă relațională și emoțională (Iluț, 2005, p. 66).

Teoria funcționalistă pornește de la ipoteza conform căreia orice familie are o anumită structură, în baza căreia îndeplinește un set de funcții și dezvoltă o serie de roluri. Autorii teoriei, printre care se numără Malinowski, Radcliff-Brown, Durkheim, Parson și Merton consieră că stabilitatea reprezintă o caracteristică definitorie a oricărei structuri, având la bază anumite acțiuni care sunt vitale pentru buna funcționare a sistemului. Dacă aceste funcții nu sunt îndeplinite la nivel optim, sau deloc, apar carențe în modul de funcționare a sistemului, fapt care poate determina chiar prăbușirea acestuia. În baza Teoriei funcționaliste, familia funcțională poate fi considerată ca fiind un sistem deschis, iar cea nefuncțională un sistem închis. Pornind de la această teorie, sistemul deschis, deci funcțional, presupune îndeplinirea tuturor funcțiilor care vin din partea societății, deci „o raportare la norma socială a grupului mare din care face parte familia" (Apostu, 2015, p. 70). În opoziție, sistemul închis, nefuncțional manifestă deficiențe în îndeplinirea totală sau parțială a funcțiilor, ceea ce înseamnă o discordanță față de normele general acceptate de către societate.

Funcțiile conjugale, așa cum au fost prezentate anterior, sunt cele mai importante elemente care asigură unitatea și stabilitatea cuplului conjugal. În societatea actuală, în care conflictul este prezent din ce în ce mai mult în viața de cuplu, iar frecvența separărilor crește considerabil, se poate constata cu ușurință faptul că, la nivelul cuplului conjugal modern, instabilitatea crește și legăturile dintre parteneri devin din ce în ce mai slabe. Acest lucru se datorează și faptului că funcțiile conjugale nu pot fi transferate nici unei alte unități sociale în afară de cea a familiei.

Problema cu adevărat importantă apare la nivelul cuplurilor actuale, în care funcțiile conjugale încep să își piardă din însemnătate. Într-o societate în care conflictul este prezent din ce în ce mai mult în viața de cuplu, iar frecvența separărilor crește considerabil, se poate constata cu ușurință faptul că, la nivelul cuplului conjugal modern instabilitatea crește și legăturile dintre parteneri devin din ce în ce mai slabe. Acest lucru se datorează și faptului că funcțiile conjugale nu pot fi transferate nici unei alte unități sociale în afară de cea a familiei, care în zilele noastre are o importanță din ce în ce mai scăzută.

3.5. Surse ale conflictului în cuplul conjugal

Societatea actuală este una de tip eterogen, fiind caracterizată prin varietate în ceea ce privește majoritatea aspectelor vieții sociale. Putem observa că pe măsură ce societatea se dezvoltă, diferențele dintre indivizi se accentuează tot mai mult, astfel că ei ajung să aibă valori, atitudini și comportamente complet diferite. Acest scenariu poate fi transpus şi la nivelul cuplului conjugal. Raportat la mecanismele de relaţionare, tind să apară contradicţii între valorile individuale şi cele de cuplu, astfel că partenerii nu mai reuşesc să ajungă la un consens şi să găsească un răspuns general în ceea ce priveşte acordul dintre „eu" şi „noi". În încercarea de restabilire a echilibrului şi de revitalizare a relaţiilor din cuplu, partenerii se izbesc de un adevărat zid al conflictului, care reprezintă cel mai evident simptom al disfuncţionalităţii conjugale.

Din perspectiva Iolandei Mitrofan, disfuncţionalitatea conjugală poate fi definită drept „un incident critic interacţional diadic, care perturbă şi distorsionează pattern-urile comportamentale maritale homeostatice, dezorganizând sau stagnând procesele homeodinamice" (Mitrofan, 1989, p. 136). Conflictul este văzut ca o stare de criză a cuplului conjugal, un dezechilibru funcţional, care afectează cuplul din două perspective: pe de-o parte, conduitele de rol existente în cadrul cuplului conjugal (dimensiunea homeostatică), iar pe de altă parte, ansamblul proceselor de interacţiune şi intersimilaritate care caracterizează mecanismele relaţionare (dimensiunea homeodinamică). Cu atât mai mult, conflictul afectează dezvoltarea armonioasă a cuplului, prin faptul că îngreunează îndeplinirea optimă a funcţiilor conjugale, precum cele biologice, economice, de socializare şi de solidaritate.

O altă perspectivă asupra noţiunii de disfuncţionalitate conjugală este cea care priveşte conflictul ca pe un factor benefic în evoluţia cuplului. Conflictul presupune „un set de nevoi sau interese umane privite personal, motiv pentru care soţii intră în conflict, fie pentru că au nevoi care urmează a fi satisfăcute de procesul conflictual însuşi, fie că au nevoi neconcordante cu ale partenerului conjugal" (Stoica – Constantin, 2004, p. 25). Starea conflictuală este, din acest punct de vedere, o bună modalitate prin care pot fi descoperite diferite incompatibilități ale vieții în doi. Prin conștientizarea diferențelor care apar la nivelul cuplului, partenerii vor fi mai motivați să găsească soluții optime pentru restabilirea echilibrului. Astfel, accentul se pune mai mult pe modalitatea în care este gestionată o astfel de situație de criză în cuplu, mai precis de gradul de obiectivitate cu care sunt apreciate situațiile de tensiune în cuplu, de cât de mult se ține cont de particularitățile celuilalt partener și de capacitatea de adaptare a celuilalt în funcție de aceste particularități.

În studiul său cu privire la funcționalitatea și disfuncționalitatea cuplului, Garry Smalley identifică șapte nevoi de relaționare, considerate ca fiind esențiale pentru stabilitatea conjugală. Din perspectiva sa, aceste nevoi pot conduce cuplul pe două trasee divergente: nevoile împlinite asigură stabilitatea și funcționarea optimă în cadrul cuplului conjugal, în timp ce nevoile neîmplinite reprezintă cea mai frecventă sursă a dizolvării unei relații. Cele șapte nevoie de relaționare identificate de Smalley sunt următoarele:

„ 1. Nevoia de a mă simți în comunicare cu partenerul discutând/ petrecând timp împreună;

2. Nevoia de a fi acceptat și prețuit pentru ceea ce zic și fac;

3. Nevoia de a considera că partenerul este sincer și demn de încredere;

4. Nevoia de a simți că există un angajament reciproc că vom rămâne împreună și de a mă simți în siguranță în această relație;

5. Nevoia de a simți că particip la luarea deciziilor ce afectează viața mea sau căsnicia noastră;

6. Nevoia de simți că partenerul este tandru cu mine în vorbe sau fizic;

7. Nevoia de a simți că avem o relație spirituală intensă, în care vibrăm amândoi" (Smalley, 2010, p. 231).

Când aceste nevoi nu sunt satisfăcute în interiorul cuplului, partenerii tind să devină irascibili, hipersensibil, descurajați și să reacționeze puternic la întâmplările obișnuite care apar într-un cuplu convențional, intrând astfel într-o stare de conflict. În majoritatea cazurilor, reacția la starea conflictuală este caracterizată prin atitudini de negare, rezistență și chiar agresiune din partea celor doi parteneri, întrucât „conflictul este privit ca un concurs de tip pierdere-câștig, iar comunicarea este limitată la o susținere rigidă a propriilor păreri și mai puțin la un tip de comunicare menit să niveleze aceste diferențe în favoarea partenerilor (Milcu, 2005, p. 22).

Sentimentele de afecțiune reciprocă, care caracterizează cuplul conjugal reprezintă „rezultatul stabilirii unui optimum intra și intermotivațional bio-psiho-social" (Mitrofan, Ciupercă, 1998, p. 293). Astfel, orice tip de decalaj sau asimetrie existente la nivelul așteptărilor și trebuințelor pe care le au cei doi parteneri, pot determina apariția unei stări de conflict intermotivațional, care atrage după sine o serie de disfuncții interacționale în interiorul cuplului conjugal. Din această perspectivă, Iolanda Mitrofan identifică două niveluri de analiză în ceea ce privește sistemul disfuncțional conjugal: nivelul de profunzime și nivelul de suprafață. Nivelul de profunzime, denumit și nivelul primar, constă în apariția unor carențe în modul de funcționare a mecanismelor interpersonale, care determină structura rolurilor conjugale în interiorul cuplului. Aceste carențe apar la nivelul mecanismelor de interacțiune, intersimilaritate, intercunoaștere și intercomunicare, necesare pentru dezvoltarea optimă a partenerilor din punct de vedere biologic, psihologic și social. Nivelul de suprafață, denumit și nivelul secundar se caracterizează prin apariția unor disfuncționalități în ceea ce privește modelele de rol conjugal, mutual expectate de către cei doi parteneri. Aceste disfuncţionalităţi se datorează procesului de dezorganizare a modelelor comportamentale consensuale, atât în interiorul cuplului, cât şi în exteriorul acestuia. Din acest motiv, este afectată îndeplinirea optimă a funcţiilor conjugale, care asigură stabilitatea cuplului în timp şi dezolvarea armonioasă a acestuia (Mitrofan, 1989, p. 137).

După cum am menţionat anterior, tensiunile din cadrul cuplului apar atât din pricina factorilor interni, cât şi din cea a factorilor externi. Din acest motiv, probabilitatea ca într-o relaţie să nu apară stări conflictuale este minimă. Afzalur Rahim afirmă că „starea conflictuală este ivenitabilă atunci când două sau mai multe entităţi sociale vin în contact" (Rahim, Blum, 1994, p. 7).

Sursele conflictului interpersonal sunt diverse, iar epuizarea tuturor tensiunilor apărute în cadrul cuplului conjugal reprezintă un obiectiv greu de atins. Dificultatea se datorează, în principal, diversităţii factorilor umani, de grup şi de mediu care acţionează drept cauze ale instaurării stării de conflict între parteneri. În continuare, vor fi prezentate principalele surse de tensiune care pot apărea între parteneri, în interiorul cuplului conjugal.

O primă sursă a conflictului conjugal o reprezintă cunoaşterea insuficientă a partenerului, fapt care atrage după sine scăderea gradului de asemănare între partenerii cuplului. Astfel, atunci când cuplul este format din două persoane foarte puţin asemănătoare din punct de vedere al mentalităţilor, preferinţelor şi trebuinţelor pe care acestea le au, este dificil, uneori chiar imposibil, să se ajungă la un consens în ceea ce priveşte relaţionarea conjugală armonioasă. În plus, atunci când intervine un conflict între cele două părţi, gestionarea stării de tensiune se face prin raportare la persoană, deoarece „rezolvarea conflictului ţine de tipul de caracter, de structura şi de specificul părţilor aflate în conflict, de natura scopurilor fixate de cuplul conflictual şi de mijloacele utilizate pe parcursul evoluției conflictului" (Zamfir, 1997, p. 374). Din această perspectivă, cunoașterea insuficientă a partenerului reprezintă atât o cauză a conflictului, cât și o piedică în soluționarea acestuia.

Un alt factor determinant al situațiilor conflictuale în cuplu este reprezentat de diferitele tipuri de socializare pe care le presupun mediile culturale. Situația de tensiune apare în momentul în care rigiditatea unuia dintre parteneri îl face pe acesta mai puțin flexibil în ceea ce privește acceptarea particularităților celuilalt și, implicit, la adaptarea în funcție de acestea. În acest context, cea mai evidentă diferență este cea de compatibilitate între stilul modern și cel tradițional, mai ales în ceea ce privește modul de manifestare a structurii funcționale și cea de rol conjugal. Dacă în societatea tradițională exista o diviziune clară a rolurilor conjugale și criterii bine determinate pentru îndeplinirea funcțiilor, societatea modernă se particularizează printr-o negociere a rolurilor în cadrul cuplului, în funcție de capacitate și de disponobilitate. În acest sens, difențele culturale afectează cuplul conjugal prin prisma incompatibilității de rol conjugal și a slabei capacități de funcționare a acesteia. Concluzionând, „problemele de comunicare, problemele lipsei de consens valoric datorate particularităților culturale în care au fost socializați unii dintre parteneri pot limita cuplul la un tip de relație care să îngreuneze mult intercomunicarea" (Apostu, 2015, p. 117).

O altă problemă frecvent întâlnită în viața de cuplu, care survine ca o cauză a apariției stărilor conflictuale este cea a intimității. William Glasser consideră că fiecare individ are „o lume specială personală, compusă dintr-un grup de imagini, împărțite în trei cateogrii: 1) despre oamenii cu care își dorește să relaționeze; 2) despre lucrurile pe care dorește să le aibă; 3) despre ideile care îi guvernează comportamentul" (Glasser, 2001, p. 153). Din perspectiva conflictualității, stările de tensiune apar în momentul în care partenerii devin conştieţi că între aceste lumi, construite de ei înşişi, există multiple diferenţe. Astfel, intervine dificultatea de raportare la preferinţele celuilalt partener şi, totodată, incapacitatea de adaptare la nevoile pe care acesta le are.

Socializarea din relaţiile anterioare reprezintă o altă sursă a conflictualităţii. Aşa cum susţine Anthony Giddens, „chiar şi când legăturile emoţionale au fost rupte complet, o relaţie actuală riscă să fie ameninţată de reziduurile trecutului" (Giddens, 1992, p. 131). Din această perspectivă, actuala relaţia poate fi afectată de frustrările cauzate de relaţia anterioară, provenite din situaţii în care individul s-a simţit neputincios şi singura soluţie a fost dizolvarea relaţiei. Astfel, eşecurile din trecut pot duce la inhibarea şi chiar blocarea unuia dintre parteneri în cadrul actualului cuplu. Cu atât mai mult, efectele produse de eşecurile din trecut ele pot oricând să reapară, mai ales dacă problemele din relaţia anterioară nu au fost soluţionate complet.

Stările conflictuale pot fi cauzate şi de raporturile de putere dintre parteneri. În interiorul cuplului conjugal, partenerii simt nevoia de a fi autoritari, însă tendinţa de dominaţie poate fi mai greu tolerată de către unul dintre parteneri. Aşa cum susţin Iolanda Mitrofan şi Cristian Ciupercă, „suntem prizonierii nevoii de a conduce în diada în care nimeni nu se lasă condus. Simţim nevoia de a fi autoritari cu cineva, numai că societatea actuală nu mai legitimează supunerea necondiţionată" (Mitrofan, Ciupercă, 2002, p. 77). Această afirmaţie face trimitere spre diferenţele existente între sociatatea tradiţională şi cea modernă în ceea ce priveşte raporturile de putere dintre partenerii conjugali. Dacă în societatea tradiţională raporturile de putere erau clar definite prin prisma diferenţelor de gen (bărbatul era capul familiei, cel care asigura stabilitatea financiară; femeia se ocupa de treburile casnice, de îngrijirea şi creşterea copiilor), în sociatate actuală, modernă, superioritatea femeii din punct de vedere financiar şi al rolului pe care îl ocupă în cadrul cuplului conjugal, devine cu atât mai greu de tolerat şi determină apariţia unor stări conflictuale. Becker consideră că specializarea muncilor domestice în funcţie de gen contribuie la stabilitatea maritală, „dezvoltând o dependenţă reciprocă între parteneri – spre exemplu, dependenţa economică a femeii şi dependenţa emoţională a bărbatului" (Becker, 1981, apud Popescu, 2009, p. 85). Asfel, socitatea contemporană, modernă, se particularizează prin trasături precum individualizarea şi independenţa sporită a fiecărui parteneri, aspecte care pot reprezenta importante surse de conflict în cuplul conjugal, manifestată prin dorinţa de dominaţie asupra celuilalt. De multe ori, această situaţie competiţională existentă între partenerii cuplului conjugal este inconştientă, neintenţionată, iar partenerii intră în acest proces fără să îşi dea seama. Cu toate acestea, conflictul erodează solidaritatea cuplului, întrucât „competiţia nu urmăreşte câştigul familial, ci cel al soţului antrenat în acest joc" (Zamfir, Vlăsceanu, 1993, p. 120).

Un alt factor care determină apariţia conflictualităţii în cadrul cuplului conjugal este cea legată de lezarea stimei de sine. Stima de sine reprezintă „ansamblul ideilor pe care un individ le are despre el; ele exprimă sentimente faţă de sine însuşi" (Stoica-Constantin, 2004, p. 44). Fiind o componentă afectivă a imaginii asupra propriei persoane, lezarea stimei de sine conduce către inhibare, minimizare a persoanei în cauză în raport cu ceilalţi. Din acest punct de vedere, intensitatea conflictuală se află într-o relaţie de raport direct cu calitatea percepută a sinelui. Din această cauză decurg şi alte surse ale apariţiei conflictului în cuplul conjugal, precum comportamentele neadecvate sau agresivitatea. Printre comportamentele neadecvate se numără „comportamentele negative, pozitive dar atipice, pozitive sau greu de acceptat

145

pentru partener sau adecvate în general dar neadecvate situației" (Apostu, 2015, p. 123). Astfel de comportamente stau la baza apariției conflictului, în momentul în care cuplul nu reușește să gestioneze situațiile tensionante survenite, nu are acces la resursele necesare de comunicare, negociere sau adaptare reciprocă a celor doi parteneri, în vederea găsirii unei soluții optime pentru restabilirea echilibrului. Pe lângă aceste comportamente neadecvate, întâlnite deseori în cazul cuplurilor conjugale, un alt factor determinant al conflictualității este reprezentat de agresivitate. Aceasta poate fi privită ca o cauză, o formă de manifestare și chiar un efect al apariției stării de conflict. De asemenea, agresivitatea este specifică partenerilor caracterizați de rigiditate, inflexibilitate în ceea ce privește relația conjugală și intoleranță față de adaptarea în funcție de nevoile celuilalt. Astfel de parteneri tind să pună accentul mult mai mult pe autoritate și dominație în cadrul cuplului, decât pe relațiile de cooperare, comunicare și solidaritate, care sunt principalii determinanți ai stabilității conjugale.

Dincolo de toate aceste surse de conflict, care ar putea fi considerate drept primare, este important de menționat care sunt motivele de conflict în interiorul cuplului conjugal, așa cum au fost identificate de oameni obișnuiți. În urma unei cercetări realizate de fundația Soros în ceea ce privește viața de cuplu, respondenții au menționat în proporție de 61% că cea mai importantă sursă de conflict o reprezintă dificultățile financiare, urmată de problemele care țin de distribuția treburilor casnice, probleme cu alcoolul, relația defetuoasă cu socrii sau infidelitatea (Viața de familie, 2008).

Concluzionând, apariția stărilor conflictuale în cadrul cuplului conjugal este inevitabilă. Mai devreme sau mai târziu, orice relație ajunge în punctul în care partenerii se confruntă cu apariția suficienței conjugale, astfel că nu mai pot găsi un consens și nu mai reușesc să medieze stările conflictuale apărute între aceştia. Acest lucru se datorează faptului că între apariţia primelor contradicţii, tendinţa de impunere a propriului punct de vedere şi existenţa unor comportamente neadecvate din partea celor doi parteneri sau chiar a formelor de agresiune fizică, verbală sau psihică, există o delimitare foarte fină. Acest lucru se datorează faptului că partenerii conjugali tind să ignore impactul negativ al certurilor de zi cu zi, considerându-le obişnuite pentru viaţa de cuplu şi lăsându-se înşelaţi de ceea ce pare a fi normal în ceea ce priveşte contradicţiile banale, cotidiene. Astfel, satisfacţia conjugală este diminuată, partenerii intră într-o stare rutină în care certurile reprezintă doar evenimente aspecte ale vieţii sociale, lipsite de conţinut. În acest punct, partenerii ignoră importanţa comunicării, găsirea consensului, realizarea unor compromisuri care să alimenteze relaţia de cuplu şi să asigure stabilitatea acesteia.

Aşa cum a fost menţionat anterior, sursele conflictuale în cadrul cuplului conjugal sunt foarte variate: de la diferenţele culturale sau de socializare, până la problemele legate de capacitatea de interacţiune, flexibilitate şi adaptare a cuplului. Conflictul poate funcţiona fie ca o posibilitate de a conştientiza incompatibilităţile existente în cuplu, motiv pentru care partenerii pot acţiona în vederea revitalizării relaţiei, fie ca o cauză a dizolvării cuplului, conflictul reprezentând un adevărat „sindrom al incapacităţii de convieţuire conjugală normală" (Mitrofan, Ciupercă, 1989, p. 80). Frecvenţa tensiunilor în cadrul unui cuplu conjugal reprezintă un indicator important al instabilităţii acestuia, caracterizând tipologia unui cuplu în care partenerii nu mai reuşesc să se adapteze reciproc nevoilor pe care le au şi să găsească consensul motivaţional pentru funcţionarea armonioasă a cuplului. Din această perspectivă, multe dintre cupluri evită convieţuirea în dizarmonie, mai ales că relaţiile conjugale contemporane sunt caracterizate de înclinaţia către

147

fericire, înţelegere şi confort, în detrimentul numărului anilor petrecuţi lângă partener.

3.6. Separarea temporară – soluţie salvatoare sau abandon elegant?

Schimbările survenite în trecerea de la tradiţionalitate la modernitate şi-au pus amprenta asupra vieţii conjugale, îngreunând sarcina acesteia de a asigura stabilitate şi continuitate într-o lume care se schimbă în mod accelerat. Sursele de conflict din cadrul cuplului conjugal au început să se diversifice tot mai mult, punând presiune asupra stabilităţii acestuia. Într-o societate de tip eterogen, puternic axată pe individualism, viaţa de cuplu a fost plasată într-o confuntare directă cu încercarea permanentă de adaptare la nevoile partenerului. Astfel, viaţa conjugală a început să îşi piardă treptat din însemnătate, partenerii fiind puşi în faţa unui zid al conflictului şi în situaţia de a alege între salvarea şi disoluţia cuplului.

Odată cu trecerea spre modernitate, au apărut schimbări în ceea ce priveşte atitudinea faţă de întemeierea şi funcţionarea cuplului conjugal. „Cuplurile care se căsătoresc astăzi se aşteaptă să obţină prin căsătorie tovărăşie şi fericire personală, în vreme ce cuplurile din generaţiile precedente erau în general mulţumite dacă partenerul se comporta satisfăcător ca stăpân al casei sau întreţinător de familie" (Gorer, 1971, p. 190). Din această perspectivă, se poate observa înclinaţia cuplurilor conjugale moderne către fericire, afecţiune şi confort, spre deosebire de familia tradiţională, în care diviziunea rolurilor conjugale era clar definită în interiorul cuplului, asigurând buna funcţionare a acestuia. Astfel, speranţele ridicate cu privire la fericirea conjugală, predominante în gândirea modernă, se pot transforma mult mai repede în deziluzii şi reproşuri la adresa partenerului, în momentul în care aşteptările nu corespund cu realitatea. Altfel spus, „sistemul marital întemeiat dominant pe nevoi expresive şi mai puţin pe nevoi instrumentale (creşterea copiilor, presiunile familiei extinse) conduce la o mai mare libertate de dizolvare a cuplurilor carenţate" (Iluţ, 2005, p. 173).

Atitudinea faţă de întemeierea unui cuplu conjugal poate fi analizată şi din perspectiva eventualei disoluţii a acestuia. Dacă în trecut posibilitatea despărţirii de partenerul conjugal era o variantă rar întânlită atunci când cuplul se confrunta cu o perioadă de criză conjugală, în zilele noastre a devenit un fenomen răspândit şi acceptat la nivel social. Decizia căsătoriei a început să fie strâns legată de posibilitatea încheierii relaţiei, mai ales într-o perioadă în care separarea conjugală este un lucru foarte uşor de realizat. Din acest punct de vedere, „partenerii care se angajează acum într-o căsătorie sunt pe deplin conştienţi, cel puţin tacit, că, dacă lucrurile nu vor merge bine, eliberarea este oricând posibilă" (Thatcher, 1996, p. 124). Astfel, neputinţa de a găsi soluţii pentru depăşirea crizei conjugale, împinge partenerii să aleagă despărţirea, din moment ce ieşirea dintr-o relaţie poate fi considerată o opţiune mai uşoară decât eforturile depuse în încercarea de a o revitaliza.

Dificultatea de a soluţiona starea conflictuală apărută în interiorul cuplului conjugal, dublată de neputinţa partenerilor de a se complace într-o relaţie nesatisfăcătoare, duce la slăbirea legăturilor care menţin stabilitatea cuplului. Astfel, când intervine situaţia de criză conjugală şi conflictul persistă mai mult timp, cuplul se îndreaptă spre disoluţie. Eusebiu şi Laura Tihan consideră că solidaritarea unui cuplu se formează treptat, prin acumularea experienţei şi întărirea legăturilor de acomodare şi cooperare. În aceeaşi măsură, dezagregarea vieţii conjugale cunoaşte o serie de etape, care au drept caracteristică slăbirea relaţiilor în cadrul cuplului, precum: „etapa tensionării, etapa încetării relațiilor conjugale și etapa desfacerii vieții de familie" (Tihan, 2004, p. 91). Prin parcurgerea acestor etape, relațiile existente între parteneri slăbesc în intensitate, devenind tot mai tensionate și având drept rezultat dezorganizarea vieții conjugale.

Petru Iluț subliniază distincția dintre destrămarea oficială, juridică a cuplului conjugal și cea neoficială, de tip informal. În multe dintre cazuri, conflictul existent în viața de cuplu conduce către situația în care cei doi parteneri încetează să mai aibă o viață comună, însă aleg să nu se despartă oficial, din pricina diferitelor motive, printre care se numără profesia sau existența copiilor (Iluț, 2005, p.169). Cu toate că separarea partenerilor este considerată drept etapa anterioară divorțului, nu este necesar ca toate separările să conducă la destrămarea oficială a căsniciei. Totuși, majoritatea disoluțiilor sunt consecințe ale separării partenerilor.

Separarea este definită drept „formă de destrămare a familiei prin acordul soțului, cu încetarea relației sexuale între partereneri, dar cu menținerea unor roluri casnic-gospodărești, presupunând o locuință comună sau separată (Tihan, 2004, p. 92). Paul Shaffer identifică trei tipuri de separare în ceea ce privește cuplul conjugal, după cum urmează:

- *Separarea temporară („temporary separation")* - reprezintă situația în care cuplul decide să ia o pauză. Acest tip de separare se caracterizează prin despărțirea fizică a partenerilor pentru o perioadă scurtă de timp, fără necesitatea încheierii vreunui tip de contract, astfel încât ambele părți sunt de acord că despărțirea este una temporară. În tot acest timp, partenerii locuiesc separat, tocmai pentru îndeplinirea nevoii de intimitate;
- *Separarea de probă („trial separation")* – reprezintă acel tip de separare, caracterizat prin situația în care există anumite incertitudini cu privire la viitorul relației

conjugale. Reconcilierea este văzută ca principală posibilitate pentru evoluţia cuplului, fiind, de cele mai multe ori, chiar scopul în sine al acestui tip de separare. În primă etapă, intenţia celor doi parteneri este aceea de a se depărta fizic unul de celălalt, astfel încât să beneficieze de resursele de timp şi spaţiu necesare pentru conştientizarea problemelor existente în cuplu şi schimbarea atitudinii şi comportamentului individual în acest sens. După această perioadă, relaţia dintre cei doi parteneri este reluată pentru a decide dacă poate continua şi funcţiona la nivel optim;

• *Separarea cu intenţie de divorţ ("separation with intent to divorce")* – reprezintă situaţia în care cel puţin unul dintre parteneri a luat decizia fermă de a înceta relaţia, fără să fie luată în calcul posibilitatea reconcilierii. În unele cazuri, separarea cu intenţie de divorţ se transformă în separare de probă, din moment ce partenerii petrec o anumită perioadă de timp departe unul de celălalt (Shaffer, 2005, p. 269).

Cu toate că izbucnirea crizei conjugale afectează vizibil funcţionalitatea cuplului, unii parteneri aleg să rămână împreună, în diferite forme de uniune. Iolanda Mitrofan şi Cristian Ciupercă identifică în societatea românească o asfel de formaţiune, sub denumirea de „semi-căsătorie", pe care o definesc ca fiind „un experiment neofamilial sub semnul falselor soluţii, având ca scop prelungirea căsătoriei din punct de vedere legal" (Mitrofan, Ciupercă, 2002, p.103). Acest tip de formulă maritală poate fi regăsit în cadrul cuplurilor caracterizate prin relaţii conflictuale cronice, de lungă durată. În acest stadiu, partenerii nu reuşesc să ajungă la un consens pentru revitalizarea relaţiei, iar interacţiunea conjugală este afectată în mod semnificativ, astfel că se recurge la opţiunea semi-căsniciei, în încercarea de a fi evitată disoluţia legală. În interiorul unei astfel de căsnicii, rolurile maritale sunt exercitate incomplet de către cel puțin unul dintre parteneri. Din această perspectivă, pot fi identificate mai multe variante ale semi-căsniciei:

- Formula „casa și copiii – împreună, sexul separat": se caracterizează prin administrarea bugetului de către ambii parteneri și prin exercitarea în comun a atribuțiilor legate de menaj. De asemenea, atribuțiile legate de creșterea copiilor sunt exercitate în comun. Funcția sexuală este exercitată în mod autonom, într-o formă de infidelitate conjugală;
- Formula „sexul – împreună, casa și copiii – mai mult tu, distracțiile separat": se caracterizează prin exercitarea funcției afectiv – sexuale în comun. Atribuțiile legate de menaj și creșterea copiilor sunt plasate în responsabilitatea unuia dintre parteneri;
- Formula „sexul – parțial împreună, casa – numai tu, distracțiile parțial împreună, copil – mai ales tu, banii – mai ales eu: se caracterizează prin exercitarea funcției sexuale atât în interiorul cuplului conjugal, alături de partener, cât și în afara acestuia, sub formă de infidelitate. Atribuțiile legate de menaj revin celuilalt partener, însă există o tendință de implicare în ceea ce privește creșterea copiilor și administrarea bugetului (Mitrofan, Ciupercă, 1989, p. 97).

Deși poate reprezenta un bun un predictor al divorțului, separarea partenerilor pentru o anumită perioadă de timp nu trebuie să aibă în mod obligatoriu drept consecință disoluția legală a cuplului conjugal. În general, literatura de specialitate privește separarea temporară ca pe o etapă anterioară divorțului. Din această perspectivă, se poate vorbi despre „divorțul emoțional", ca fiind o etapă caracterizată prin existența unor divergențe tot mai accentuate între parteneri și deteriorarea interacțiunilor conjugale (Bohannan,

1970, p. 259). Într-o astfel de situaţie, comunicarea în cadrul cuplului conjugal devine tot mai slabă, iar conflictele tot mai pronunţate. Partenerii ajung să se ignore reciproc, neglijând totodată problemele cu care cuplul se confruntă. Deşi atmosfera este aparent relaxată, iar cuplul este văzut din exterior ca fiind unul fericit, insatisfacţia maritală creşte şi determină posibilitatea despărţirii celor doi parteneri conjugali. Cu toate acestea, dacă „ruptura emoţională nu s-a consumat", cuplul poate reveni la normal, depăşind etapa divorţului emoţional (Iluţ, 2005, p.180).

Într-un studiu realizat în anul 2003 în Statele Unite ale Americii, s-a urmărit identificarea şi compararea traiectoriei pe care indivizii o urmează atunci când ies dintr-o relaţie. În acest sens, a fost folosit un eşantion alcătuit din persoane cu vârsta cuprinsă între 15 şi 31 de ani, cu condiţia ca aceştia să fie căsătoriţi sau să trăiască în concubinaj. Studiul s-a axat pe frecvenţa, durata şi efectele pe care separarea partenerilor le are asupra cuplului. Un prim obiectiv al cercetării a fost identificarea tipului de despărţire care are loc în cadrul cuplului (permanentă sau temporară) şi cum aceasta diferă de la un individ la altul. De asemenea, studiul s-a focusat pe observarea măsurii în care separarea partenerilor este considerată de către aceştia drept un fenomen temporar, cu posibilitatea reconcilierii. În ceea ce priveşte cuplurile conjugale, rezultatele au fost următoarele: 1) aproximativ trei sferturi dintre separări sunt urmate de reconciliere, divorţ sau întemeierea unei relaţii de concubinaj în mai puţin de un an de la separare. Această cifră creşte considerabil atunci când durata de separare se extinde la doi ani; 2) Un sfert dintre separările conjugale sunt urmate de reconciliere cel puţin o dată, iar acest lucru se petrece, în general, în primele trei luni de la separare; 3) Mai mult de o treime dintre cuplurile conjugale care experimentează reconcilierea, ajung să se separe din nou în mai puţin de un an, iar această cifră se dublează la aproximativ trei ani după reconciliere (Binstock, Thornton, 2003). O concluzie importantă care poate fi desprinsă este aceea că, pentru majoritatea cuplurilor conjugale, separarea este semnul disoluției permanente a relației dintre parteneri. Acest lucru este susținut și de H. Wineberg, care afirmă faptul că, pentru majoritatea cuplurilor maritale, reconcilierea nu reprezintă altceva decât o perioadă temporară, cu o durată relativ scurtă. Altfel spus, chiar dacă partenerii încearcă să salveze relația și ajung la reconciliere, acest lucru se dovedește de multe ori a fi un eșec (Wineberg, 1994, p. 85).

Starea conflictuală apărută în interiorul cuplului, urmată de slăbirea relațiilor conjugale, are, în general, drept consecință separarea în fapt a celor doi parteneri. Varianta despărțirii informale este des întâlnită atunci când partenerii iau în considerare posibilitatea eventualei reconcilieri. Astfel, separarea în fapt poate fi considerată drept o despărțire temporară a partenerilor, până în momentul în care aceștia decid asupra viitorului căsniciei și fac alegerea între salvarea relației sau dizolvarea legală a acesteia.

Una dintre formele de manifestare a separării în fapt este părăsirea domiciliului conjugal de către unul dintre parteneri. Din acest punct de vedere, părăsirea domiciliului conjugal poate fi privit, mai degrabă, ca un efect al eșecului conjugal, fiind definit drept „o reacție la stresul generat de problemele din cuplul conjugal, o atitudine care poate fi apreciată ca efect al unor tensiuni greu de tolerat între soți" (Apostu, 2015, p. 344).

În acest caz, separarea nu se produce brusc, ci are loc un întreg proces de „de-cuplare" (Vaughan, 1986, p. 186). Înainte de a ajunge la despărțirea propriu-zisă, unul dintre parteneri se depărtează din punct de vedere social și afectiv de celălalt și își creează o viață paralelă celei de cuplu, fiind interesat de obiective noi – prieteni, activități de petrecere a timpului liber. Astfel, se produce separarea în fapt a celor doi parteneri, particularizată prin deteriorarea semnificativă a relațiilor conjugale, în ciuda faptului că uniunea conjugală nu este dizolvată din punct de vedere legal.

Separarea în fapt este unul dintre cei mai buni predictori ai divorțialității. Cu toate acestea, faptul că partenerii nu aleg varianta disoluției legale a căsniciei, ci recurg la separarea în fapt, poate reprezenta o tendință de reconciliere a acestora. Din punct de vedere juridic, separarea în fapt prin părăsirea domiciliului conjugal de către unul dintre parteneri poate fi considerat un motiv temeinic de divorț. Din totalul motivelor invocate pentru divorț, ponderea acestuia este de 11,15%, reprezentând a treia valoare în ceea ce privește problemele considerate ca fiind netolerabile în viața conjugală. De asemenea, reclamarea acestui motiv drept factor al disoluției legale are o pondere diferențiată în funcție de gen. În acest sens, femeile sunt cele care părăsesc domiciliul conjugal în proporție de 21,8%, în timp ce doar 9,7% dintre bărbați fac acest lucru. Cu atât mai mult, intoleranța față de părăsirea domiciliului conjugal este mai mare în rândul bărbaților. Drept dovadă stau statisticile care arată că bărbații reclamă părăsirea domiciliului conjugal ca prim motiv în cererea de divorț în proporție de 41,38%, depășind considerabil ponderea femeilor care reclamă acest motiv într-o proporție de doar 9,38% (Apostu, 2015, p.345).

Christina Hardyment analizează legătura dintre capacitatea economică a partenerilor și separarea în fapt a acestora. Din acest punct de vedere, autoarea face referire la apartenența domiciliului conjugal ca fiind o stare de confort material în situația de separare a partenerilor. Astfel, în 66,67% dintre situațiile în care domiciliul conjugal aparține bărbatului, părăsirea acestuia de către parteneră este principalul motiv invocat drept factor al disoluției legale. Pe de altă parte, în 61,29% dintre situațiile în care femeia deține domiciliul conjugal părăsirea acestuia de către partener este amintit ca al doilea motiv de divorţ. Atunci când domiciliul este comun, în aproximativ 26% dintre situaţii, atât femeia, cât şi bărbatul reclamă în aceeaşi măsură părăsirea domiciliului conjugal de către partener drept motiv al deciziei de separare legală (Hardyment, 2000, p. 46).

Motivele care duc la părăsirea domiciliului conjugal de către unul dintre parteneri reflectă situaţiile tensionante cu care cuplul se confruntă şi dificultatea partenerilor de a găsi soluţia optimă pentru revitalizarea relaţiilor conjugale. Unul dintre principalele motive care duc la părăsirea domiciliului conjugal este reprezentat de infidelitate. În majoritatea cazurilor în care infidelitatea reprezintă motivul pentru care are loc părăsirea domiciliului conjugal, infidelul este cel care nu deţine domiciliul conjugal. Din acest motiv, el este cel care părăseşte primul domiciliul, înaintea disoluţiei definitive a căsniciei. Un al doilea motiv care determină părăsirea domiciliului conjugal este violenţa domestică. Acest lucru se petrece pentru că persoana supusă violenţei domestice (în general femeia) alege să părăsească domiciliul conjugal de teama de a nu fi agresată din nou, chiar dacă acesta îi aparţine. A treia ca pondere, problema legată de diferenţele culturale dintre parteneri justifică motivaţia acestora de a nu mai locui împreună, cel puţin pentru o perioadă de timp. Raportarea la valorile tradiţionale, în cazul partenerilor care provin din mediul rural şi imposibilitatea de adaptare a acestora la un mediu nou, diferit de cel în care au fost socializaţi, determină apariţia unor stări de disconfort şi a situaţiilor conflictuale, astfel încât se recurge la decizia părăsirii domiciliului conjugal şi întoarcerea în mediul de provenienţă (Apostu, 2015, p. 349).

În concluzie, perioada contemporană este caracterizată prin diversitate şi instabilitate în ceea ce priveşte majoritatea aspectelor vieţii sociale. Viaţa individului în contemporaneitate este caracterizată prin ceea ce Bauman numea „sindromul turistului", în sensul că individul este călător în propria lui viaţă, simţind permanent nevoia de schimbare, fie că este vorba despre locuinţă, prieteni, locul de muncă sau partenerul de viaţă (Bauman, 2005, p. 86). În trecerea de la tradiţionalitate la modernitate, viaţa cuplului conjugal a cunoscut o transformare fără precedent. În acest sens, rolurile conjugale ale partenerilor au început să devină tot mai difuze, iar adaptarea la nevoile celuilalt a determinat diversificarea surselor de conflict în cadrul cuplului conjugal. Astfel, într-o societate în care conflictul este prezent din ce în ce mai mult în viaţa de cuplu, iar frecvenţa separărilor creşte considerabil, se poate constata cu uşurinţă faptul că, la nivelul cuplului conjugal modern instabilitatea creşte şi legăturile dintre parteneri devin din ce în ce mai slabe.

3.7. Decizia separării temporare – strategie de mediere sau premisă a disoluţiei conjugale

Cuplul conjugal poate fi privit ca sistem complex format dintr-un număr mai mic sau mai mare de subsisteme. Analiza deciziei separării temporare trebuie analizată în primul rând printr-o raportare sistemică pentru că presupune analiza subsistemelor aflate în conflict. Teoria sistemică "încadrează familia într-un sistem echilibrat în a cărei evaluare contează toate personalităţile care interacţionează, se intercondiţionează, sunt independente şi corelează intern" (Apostu, 2015, p.71). Din punct de vedere structural, teoria sistemică analizează comportamentele, interesele şi scopurile comune ale membrilor sistemului familial, punând accent pe asumarea rolurilor de gen care le revin acestora, precum şi modalitatea de interacţionare şi comunicare existentă între membri. Din punct de vedere funcţional, paradigma sistemică se raportează la calitatea comunicării dintre membri, la modalităţile de raportare şi soluţionare a problemelor, la rezistenţa împotriva factorilor externi care pun presiune asupra coeziunii familiale şi la echilibrul sau dezechilibrul intern sistemului familial.

Sistemul constă în "mulţimea de elemente componente, în ansamblul relaţiilor dintre aceste elemente structurate multinivelar şi ierarhic şi în constituirea unei integralităţi specifice, ireductibile la componentele sau chiar la relaţiile individuale dintre ele" (Vlăsceanu, 2008, p. 48). Din această perspectivă, sistemul poate fi privit drept un ansamblu de elemente care sunt interdependente şi care, prin acţiunea lor comună, ajută la îndeplinirea scopului comun al întregului sistem. Abordarea sistemică se află în strânsă legătură cu optica psihoterapeutică, prin evaluarea situaţiilor care creează disfuncţionalităţi la nivelul familiei. Literatura de specialitate afirmă faptul că modul de funcţionare a unei familii poate fi cel mai bine înţeles în momentul în care unul dintre membrii acesteia apelează la ajutor.

Din această perspectivă, sistemul familial înglobează mai multe subsisteme, în cadrul cărora se afirmă diferite individualităţi, fiecare având trebuinţe şi nevoi proprii. Astfel, "prima convingere a unui terapeut de familiei e aceasta: dacă vrei să înţelegi ceea ce face o persoană, nu te uita în interiorul ei, ci la sistemul din care face parte" (Sweeney, 2007, p. 25). Raportat la relaţia conjugală, se poate vorbi despre "subsistemul ei" şi "subsistemul lui" care, deşi funcţionează diferit, alcătuiesc împreună un sistem complex, un tot unitar. Separarea subsistemelor devine în cazul nostru o resursă de cercetare, deoarece partenerii consimt să îşi rezolve în mod individual problemele, nevoile şi, reîncărcaţi emoţional, să îşi reconstruiască funcţional sistemul într-o variantă nouă.

Studiul realizat pentru a analiza impactul produs de decizia separării temporare (Iordache, 2017), a arătat faptul că provocările contemporane apărute la nivelul societăţii tind să schimbe din ce în ce mai mult semnificaţiile asupra noţiunii de cuplu conjugal. Dacă în societatea tradiţională existau roluri bine definite şi clar delimitate ale partenerilor de cuplu, astăzi, relaţia conjugală este împinsă într-o direcţie axată mai degrabă pe individualism, astfel că fiecare dintre parteneri îşi construieşte propriile reguli, punând interesul personal mai presus de valorile solidarităţii conjugale. Deoarece societatea contemporană este prin excelenţă una competitivă, acest lucru se resimte şi la nivelul grupurilor sociale mai mici, precum familia, în sensul că valorile fundamentale ale acesteia sunt puse în umbra încercărilor de afirmare şi validare a sinelui, afectând astfel stabilitatea şi unitatea acesteia.

Un prim aspect pe care l-a vizat acest studiu se referă la experienţa relaţiilor anterioare în rândul respondenţilor. În acest sens, un aspect care se remarcă dintre toate răspunsurile feminine, reprezintă clasificarea relaţiilor între serioase şi neserioase. O parte considerabilă dintre intervievate declară puţine relaţii serioase, dar mai multe experienţe pe care le-au considerat trecătoare. Relaţiile considerate serioase sunt cele care au fost mai longevive şi cele care au dus la cunoaşterea familiilor de origine. În cazul bărbaţilor, poate contraintuitiv, aceştia vorbesc mai degrabă în termeni de relaţii anterioare serioase, ei indicând faptul că fiecare relaţie a adus câte un plus de cunoaştere. Ca excepţie, sunt tineri care vorbesc doar despre relaţii fără consistenţă, pe care le-au avut într-un parcurs de definire conjugală, relaţii care îmbrăcau mai degrabă forma erotismului decât a funcţionalităţii.

Raportat la percepţia asupra evoluţiei actualului cuplu, se constată faptul că, în majoritatea cazurilor, se poate vorbi observa o evoluţie stadială a cuplurilor. Răspunsurile oferite de respondenţi, indică faptul că în stadiul de naştere a cuplului, partenerii tind să exagereze asemănările existente între ei şi să ignore diferenţele. Din acest motiv, nu există aşteptări mari din partea celuilalt, deoarece în acest stadiu al relaţiei, ele sunt îndeplinite în mod automat: *"îmi oferea tot ce aveam nevoie - dragoste, înţelegere, respect"*. Pe parcursul dezvoltării relaţiei, partenerii încep să conştientizeze diferenţele existente între ei. Este momentul în care aceştia se dezvoltă ca două individualităţi diferite în interiorul aceluiaşi cuplu, fiecare încercând să îşi impună autonomia şi să îşi definească scopurile pe care le au în raport cu relaţia conjugală, toate acestea conducând cuplul într-o zonă vulnerabilă.

Chiar dacă la începutul relaţiei gradul de compatibilitate dintre parteneri este perceput că fiind unul ridicat, dorinţele şi aşteptările partenerilor se pot schimba odată cu trecerea timpului şi evoluţia relaţiei conjugale. Aceste aşteptări reprezintă un factor decisiv asupra stabilităţii conjugale, iar schimbul psiho-social "permite înţelegerea modului în care partenerii îşi pot realiza propriile nevoi, chiar dacă sunt diferite sau opuse, prin mecanismele de pierdere/câştig, care devin criterii de evaluare a relaţiei şi opţiuni oferite soţilor" (Thibaut, Kelley, 1959, p. 263). Raportat la gradul de compatibilitate, partenerii descriu mai degrabă o compatibilitate relativă, generată de faptul că o parte dintre probleme fie nu se discută de teama conflictelor, fie nu reuşesc să fie rezolvate. Acesta este şi motivul pentru care o parte dintre respondente vorbesc mai degrabă despre acceptare decât despre compatibilitate. Deoarece interviurile au fost luate în mod separat ambilor parteneri, putem face precizarea că imaginea compatibilităţii este diferit înţeleasă. De regulă, bărbaţii văd o compatibilitate mai mare decât sunt dispuse partenerele lor să declare şi să accepte. Alte cupluri îşi justifică starea de compatibilitate prin diferenţe: *"ea e mai calmă, eu un tip mai dur"*.

De asemenea, mai arată situaţiile, starea de îndrăgostire este confundată cu cea de compatibilitate. Atracţia perioadelor de început, euforia sentimentelor şi debutul erotic al cuplului au creat pentru o parte dintre respondenţi, imaginea unei stări de compatibilitate supra-dimensionate. Cu toate acestea, funcţionalitatea ulterioară a cuplului s-a dovedit a fi una relativă, în faţa îndatoririlor concrete, fluctuaţiile de rol, cele de orientare funcţională s-au evidenţiat: *"cea mai mare diferenţă am sesizat-o în momentul în care ne-am mutat împreună"*. Primul test al relaţiilor, aşadar, a fost acela în care mutatul împreună a stimulat un alt nivel de asumare relaţională. Pe acest fond, pattern-urile de asumare a rolurilor au evidenţiat diferenţe de percepţie şi atitudine faţă de viaţa conjugală. Astfel, gradul de compatibilitate între parteneri influenţează considerabil evoluţia relaţiei, în sensul că homogamia favorizeză stabilitatea conjugală, în timp ce diferenţele mari între parteneri pot reprezenta o importantă sursă de conflict şi chiar o premisă a separării.

Datele evidenţiate în urma culegerii datelor arată că diferenţa de vârstă dintre cei doi parteneri nu afectează în mod semnificativ stabilitatea cuplului. Cu toate acestea, când diferenţa de vârstă dintre parteneri este mare, aceştia susţin că neînţelegerile şi, implicit, conflictele sunt mult mai pronunţate, date fiind diferenţele de valori şi de viziune în ceea ce priveşte perspectiva asupra vieţii, în general. Raportat la diferenţa de şcolaritate, cuplurile care aparţin lotului investigat sunt destul de omogene, partenerii având în aproape toate cazurile un nivel de educaţie similar, ceea ce evidenţiază încă o dată tendinţa de formare a cuplului pe criterii homogamice. Diferenţa şi sursa de instabilitate apare în momentul în care soţia are un nivel de educaţie mai ridicat decât cel al partenerului: *"Diferenţele de educaţie ne-am afectat enorm. Faptul că eu am mai multe studii ca el [...], l-a deranjat extrem de tare tot timpul"*. Conflictul este determinat în acest caz de complexul de inferioritate masculină.

Acelaşi lucru se constată şi în cazul veniturilor, unde riscul instabilităţii conjugale este mai pronunţat atunci când soţia obţine venituri mai mari decât cele ale soţului. Această situație poate fi analizată din două perspective: pe de-o parte, putem face referire la independența femeii din punct de vedere economic, iar pe de altă parte la disconfortul pe care îl resimte bărbatul, amândouă afectând stabilitatea și unitatea cuplului, contribuind și conducând la eșecul acestuia. Astfel, în ceea ce privește funcționalitatea economică a cuplurilor, problema general amintită de către intervievați a fost cea a distribuției bugetului.

Diferențele de cheltuieli ale resurselor par a fi direct corelate cu nivelul de asumare a rolurilor conjnugale. Așa cum se remarcă în studiu, majoritatea femeilor par să cheltuiască mai mulți bani decât bărbații, fapt care atrage des critica acestora din urmă. Totuși, nevoia financiară a familiei pare să fie mai bine calculată decât a femeii, aspect recunoscut și de către bărbați, deoarece femeile sunt cele care gestionează cheltuielile de menaj, alimentație, educația copiilor, chiar și cele de garderobă masculină. Cu titlu de excepție, discuțiile aprinse cu privire la distribuția resurselor i-a făcut pe unii parteneri să își separe definitiv bugetele. Aceasta arată o fluctuație evidentă în dezvoltarea unitară a funcției economice a familiei, fapt care a creat, uneori, competiție și noi tensiuni între parteneri. De asemnea, tensiunile au crescut în intensitate atunci când banii obținuți de familie erau folosiți și pentru a susține familiile de origine.

Cu privire la diferențele percepute despre partener în ceea ce privește valorile de viață, răspunsurile par a fi de asemenea în antiteză. Elementele care odinioară păreau să ducă la fuziune, au devenit ulterior, în condiții de stres, forme de acuză. Bărbații acuză femeile că sunt emotive, stresante, că pretind bărbaților să stea prea mult timp cu ele, că nu au experiență de viață, în timp ce femeile critică lipsa de sprijin, lipsa de autonomie și comoditatea bărbaților.

Un alt aspect pe care îl vizează discuția despre sursele interne de instabilitate conjugală este reprezentat de distribuția responsabilităților în cadrul cuplului conjugal. Modul în care sunt împărțite sarcinile în gospodărie și gradul de implicare a partenerilor în aceste acțiuni au o importanță majoră pentru satisfacția maritală și stabilitatea cuplului. În acest sens, o distribuire echitabilă a sarcinilor gospodărești între cei doi soți, deci, o relație bazată pe parteneriat, favorizează stabilitatea conjugală, prin faptul că poate elimina o bună parte din conflictele familiale. În urma culegerii datelor, o principală concluzie legată de distribuirea sarcinilor în gospodărie este aceea că soțul încă se implică mai puțin în treburile gospodărești, ceea ce generează insatisfacție maritală și disconfort din partea soției. De asemenea, acestuia îi revin în general sarcinile legate de administrarea locuinței, cum ar fi reparațiile din gospodărie. Pe de altă parte, soției îi revine majoritatea treburilor casnice, printre care se numără: gătitul, curățenia, spălatul vaselor, îngrijirea și creșterea copiilor. Această diviziune clară a sarcinilor gospodărești cauzează un anumit tip de disconfort, reclamat de cele mai multe ori de soție, cea care dezvoltă un sentiment de insatisfacție maritală, determinant de cele mai multe ori pentru decizia separării partenerilor.

O altă concluzie relevată în urma culegerii datelor este legată de modul de raportare al partenerilor în ceea ce privește distribuirea sarcinilor gospodărești. Analizând răspunsurile subiecților, împărțirea treburilor casnice între cei doi parteneri, așa cum a fost prezentată anterior, reprezintă tipul considerat normal de diviziune: *"Ea se ocupă cu tot ce ține de casă, curățenie, mâncare și altele. Eu sunt mai ocupat și până la urmă nu mă pricep la așa ceva, nu aș putea nici să spăl, nici să calc rufe, sincer. Sunt treburi de femei".* Stereotipurile de gen, încă predominante în societatea contemporană, plasează femeia în spațiul privat, într-o ipostază statică, surprinzând-o pe aceasta de cele mai multe ori gătind, făcând curățenie sau îngrijind copilul. Bărbatul, din contră, este asociat spațiului public, activitățior în aer liber, fiind caracterizat de mişcare şi dinamism. Aşadar, aceste stereotipuri referitoare la sarcinile specifice de rol conjugal plasează masculinitatea şi feminitatea într-o permanentă competiţie, iar la nivelul cuplului, distribuţia inechitabilă a sarcinilor devine o premisă a separării.

Satisfacţia maritală reprezintă unul dintre factorii care au o acţiune directă asupra echilibrului relaţiei conjugale. Satisfacţia, respectiv insatisfacţia maritală, sunt determinate de modul în care fiecare partener percepe, în manieră subiectivă, raportul dintre beneficiile şi costurile suferite pe plan afectiv sau cognitiv. Un lucru foarte important de analizat în studiu a fost că absolut toţi partenerii intervievaţi au recunoscut faptul că au avut momente în care s-au gândit că era mai bine să nu se fi căsătorit. Acest lucru arată faptul că problemele conjugale nerezolvate la momentul potrivit s-au convertit în dezamăgiri şi frustrări atât de mult încât aceştia să nu îşi fi dorit mariajul.

O parte dintre femei au recunoscut faptul că au gândit nostalgic la potenţiala fericire cu partenerii din relaţiile anterioare. Această tendinţă de evadare arată disfuncţiile de comunicare şi interacţiune cu partenerul, motiv pentru care, în locul unei strategii de mediere, au preferat falsul remediu generat de ipoteza unei potenţiale fericiri alături de foştii parteneri. Aprecierea comparativă a răspunsurilor celor doi parteneri evidenţiază încă o dată situaţia de impas conjugal prin care trec unele cupluri. Astfel, nefericirea conjugală este validată independent de către cei doi parteneri, fiecare recunoscând că a evaluat posibilitatea de a se fi căsătorit cu altcineva. Această stare arată un tip de disfuncţionalitate care plasează cuplul conjugal într-un risc crescut de eşec, de multe ori motivele rămânerii împreună fiind cele care ţin de creditul comun, existenţa copiilor sau locuinţa comună.

Comportamentele negative reprezintă cea mai des indicată sursă internă de conflict conjugal care a dus la decizia separării temporare a partenerilor. Fie că este vorba despre alcoolism, violență, infidelitate sau gelozie, aceste tipuri de comportamente negative sunt prezente în viața de cuplu și determină în mod radical durata existenței conjugale. Ca premisă a separării temporare, reacțiile identificate de către parteneri ca motive pentru separare temporară sunt multiple. Din perspectiva femeilor, violența conjugală, infidelitatea, alcoolismul au fost motive care au condus la separarea temporară. Din perspectiva soților, problemele reclamate de către femei au fost recunoscute și de aceștia. La acestea se mai adaugă și orgoliul masculin sau gelozia.

Orientările respondenților în ceea ce privește tipurile de comportamente negative apărute în cadrul cuplurilor conjugale, în special cele menționate anterior, arată că acestea nu apar aproape în nicio situație singure. Din contră, între ele există o relație cauzală, influențându-se reciproc. Spre exemplu, gelozia este determinată de infidelitate, care poate atrage după sine alte comportamente negative, de tipul consumului excesiv de alcool, care la rândul său poate avea drept urmare violența domestică. Aceasta din urmă este considerată de către respondenți drept cea mai gravă formă a comportamentului negativ existent în cuplul conjugal și una dintre principalele cauze care au determinat adoptarea deciziei separării temporare: *"Nu mai suportam toate certurile pe care le aveam [...] Dar în momentul în care a dat în mine, mi-am dat seama că e momentul să plec și să îl las"*. Acest tip de comportament are la bază erodarea relațiilor dintre parteneri și incapacitatea acestora de a gestiona situațiile tensionante și provine, în cazul cuplurilor intervievate în cadrul cercetării, exclusiv din partea bărbaților. Revenirea partenerelor victime ale violenței domestice în cadrul relației conjugale este determinată de dorința acestora de a mai acorda o șansă partenerului, fie pe baza promisiunilor acestuia de a remedia situația și de a-și schimba comportamentul, fie din cauza unor factori externi, precum dependenţa lor faţă de partener, în special din punct de vedere al locuinţei şi/sau existenţa copiilor.

În ceea ce priveşte factorii externi care pun presiune asupra stabilităţii conjugale, un rol important îl joacă socializarea în familia de origine, la care se adaugă relaţia cu părinţii partenerului. Socializarea în familia de origine este relevantă pentru discuţia referitoare la stabilitatea cuplului, întrucât familia este principalul agent de socializare, în cadrul căreia individul asimilează principalele norme de convieţuire în societate şi grupuri sociale, care îi ghidează comportamentul în viitoarele sale acţiuni.

În general, respondenţii au susţinut faptul că relaţia dintre ei şi familia de origine este una armonioasă, bazată pe întrajutorare şi comunicare. La polul opus, legăturile cu socrii au fost de cele mai multe ori percepute ca fiind impersonale, limitate la o relaţie formală, de respect reciproc. Diferenţa apare însă în cazurile în care respondentul percepe relaţia dintre partrenerul său şi părinţii acestuia ca fiind diferită de ceea ce susţine partenerul. Mai precis, unii respondenţi percep relaţia partenerului cu familia acestuia ca reprezentând o sursă de instabilitate conjugală, fie din cauza faptul că partenerul se ghidează prea mult după valorile tradiţionale insuflate de către familie, fie că adoptă, în mod voluntar sau involuntar elemente de conduită din partea acesteia. Aşadar, se poate observa o inflenţă a familiei de origine asupra comportamentului partenerilor, care se reflectă direct în relaţiile pe care aceştia le au în interiorul cuplului conjugal şi care pot determina în unele situaţii apariţia unor stări de disconfort, care conduc spre conflict. Acestea sunt argumente ce stau la baza separării temporare, care în sine produc efecte şi mai dure – disfuncţiile apăreau mult mai pronunţate din cauza tendinţelor subiective de protejare emoţională a propriului copil.

În ceea ce privește implicarea părinților asupra deciziei căsătoriei sau a evoluției relației conjugale, respondeții care au experimentat aceaste situații, le percep ca fiind unele care creează disconfort psihic și moral atât în momentul respectiv, cât și pe parcursul relației. De asemenea, conform informațiilor culese în urma realizării interviurilor, situațiile conflictuale din cuplu sunt cu mult mai dificil de gestionat în momentul în care părinții partenerilor sunt implicați în aceastea și intervin în relația conjugală a copiilor. Relațiile conflictuale cu părinții, respectiv socrii pot eroda relațiile conjugale, întrucât acestea sunt influențate foarte mult de modalitatea în care au fost socializați membrii aparținând unor generații diferite: *"Reproșurile erau la ordinea zilei. De când mă trezeam, începea să îmi reproșeze absolut orice: de la faptul că mă ridic prea târziu din pat, la modul în care mă îmbrac și cum îmi îngrijesc copilul"*. Faptul că aceștia provin dintr-un mediu bazat pe valori tradiționale, caracterizat de o iararhie de gen și o delimitare clară între rolurilor conjugale, face cu atât mai dificilă gestionarea relațiilor, cu cât domiciliul conjugal al noii familii este comun cu cel al socrilor.

Un alt factor extern cu influență asupra stabilității conjugale este reprezentat de veniturile gospodăriei. Din această perspectivă, se poate vorbi despre funcția economică a familiei care constă, în pricipal, în realizarea unor venituri suficient de consistente, astfel încât să asigure atât acoperirea nevoilor individuale ale partenerilor, cât și organizarea gospodăriei. Așadar, atunci când funcția economică a familiei nu este îndeplinită, acest lucru poate determina insatisfacție materială, frustrări în legătură cu relația de cuplu și, implicit, generearea stărilor conflictuale între cei doi parteneri.

Studiul pare să legitimeze ideea conform căreia factorul economic joacă un rol important în ceea ce privește stabilitatea conjugală. În acest sens, respondenții au menționat faptul că anumiți indicatori economici, precum condițiile de locuire, veniturile scăzute, dar şi diferenţele mari de venit dintre cei doi parteneri reprezintă surse de eşec ale cuplului conjugal. Aceştia generează un grad ridicat de insatisfacţie pe care partenerii o resimt şi care se reflectă în relaţia conjugală sub forma conflictelor. În urma realizării interviurilor, majoritatea respondeţilor consideră dificil de gestionat problemele de natură economică la nivelul cuplului conjugal, întrucât are numeroase implicaţii şi afectează întreaga structură funcţională a familiei.

A doua parte a interviului a urmărit, conform obiectivelor stabilite, evidenţierea consecinţelor pe care le-a avut decizia separarării temporare asupra cuplului conjugal. În acest sens, principalele dimensiuni folosite au fost referitoare la reacţiile partenerilor în faţa conflictelor, strategiile de mediere a acestora, comportamentul celor doi parteneri în perioada de separare şi efectele pe care separarea temporară le-a avut asupra cuplului conjugal.

În ceea ce priveşte reacţia în faţa conflictelor, aceasta poate fi analizată prin prisma abilităţii relaţionale pe care o posedă cei doi parteneri. Abilitatea relaţională este direct observabilă în cazul conflictelor familiale, iar aceasta constă în atitudinea şi tipurile de conduită la care apelează cei doi parteneri în momentul apariţiei situaţiei conflictuale în cuplul conjugal. Conflictele menţionate mai sus au fost considerate de către toţi partenerii ca fiind greu de gestionat, ele conducând la o tensiune destul de mare în relaţiile conjugale. Cu o singură excepţie (persoană care a rezolvat problemele prin comunicare), toţi partenerii au recunoscut faptul că, deşi au încercat, nu au găsit nicio formă de mediere a conflictelor apărute. Discuţiile erau în contradictoriu, fiecare dintre parteneri încercând să îl domine pe celălalt şi să îi plaseze acestuia vina.

Un lucru important de remarcat este faptul că femeile au recunoscut că bărbaţii au iniţiat mai des discuţii şi strategii de împăcare. Cu toate acestea, în strategiile lor, bărbaţii încercau ca doar în situaţii de conflict să preia o parte dintre rolurile femeii, cu privire la menaj şi relaţia copilului cu şcoala, pentru a câştiga bunăvoinţa femeii. Aşadar, strategia nu a vizat elemente de mediere a conflictelor, ci forme de câştigare a bunăvoinţei feminine. O altă idee desprinsă în urma culegerii datelor este aceea că în momentul în care unul dintre parteneri îşi manifestă dorinţa de soluţionare a conflictului şi acţionează în consecinţă, se poate lovi de atitudinea respingătoare a celuilalt partener, fapt care duce conflictul într-o zonă şi mai sensibilă şi împinge relaţia conjugală într-o direcţie fragilă, fiind cu un pas mai aproape de disoluţie. Aşadar, perioada de tatonare în vederea împăcării a avut şi ea uneori disfuncţiile sale, de regulă generată de duelul de acaparare (dominaţie) a celuilalt.

O altă dimensiune folosită pentru a evidenţia consecinţele separării temporare asupra cuplului conjugal constă în modul în care respondenţii au perceput această perioadă a despărţirii de partener. În cazul cuplurilor intervievate, decizia separării temporare s-a manifestat în primul rând sub forma despărţirii fizice a celor doi parteneri. În niciunul dintre cazurile analizate decizia separării temporare nu a aparţinut ambilor parteneri de comun acord, ci aceasta a fost hotărâtă de către unul dintre ei, de regulă cel pentru care insatisfacţia maritală avea un grad mai ridicat, fiind datorată unor factori de presiune, interni sau externi, care au afectat stabilitatea cuplului.

De asemenea, primul pas în decizia separării temporare s-a manifestat în toate cazurile analizate prin părăsirea domiciliului conjugal de către cel care a luat iniţiativa separării, cu o singură excepţie care s-a manifestat prin alungarea partenerului din domiciliul conjugal. Astfel, se poate observa faptul că decizia separării de partener este, în primul rând, izvorâtă dintr-o necesitate de a petrece o anumită perioadă de timp departe de parter, date fiind incertitudinile cu privire la viitorul relației conjugale.

Cu atât mai mult, decizia separării temporare se manifestă inițial ca separare cu intenție de divorț, întrucât partenerul care a luat decizia separării consideră că despărțirea este una definitivă și nu ia în calcul posibilitatea reconcilierii. Acest lucru se datorează tensiunii existente între cei doi parteneri și a reacțiilor în fața situației conflictuale, care îl determină pe cel care adoptă decizia separării să o considere pe aceasta ca fiind finalul relației conjugale. Cu toate acestea, în toate cazurile analizate, separarea cu intenție de divorț s-a transformat mai degrabă într-o separare de probă, din moment ce partenerii au petrecut o perioadă de timp departe unul de celălalt, având la dispoziție resursele necesare de timp și spațiu pentru conștientizarea tensiunilor existente în cuplu și reconsiderarea întregii probleme.

Raportat la modul în care partenerii percep perioada despărțirii temporare, datele au arătat faptul că aceștia au viziuni contrare în diferitele etape ale separării. Așa cum a fost menționat anterior, la început partenerii tind să excludă posibilitatea reconcilierii și nutresc sentimente contradictorii cu privire la relația conjugală: *"Perioada de separare a fost un zbucium interior grozav. Faci tot felul de planuri de răzbunare și vrei să afli următoarea mișcare a partenerului, chiar dacă ești hotărât să nu îi mai acorzi o șansă".* Următoarea etapă pe care o traversează partenerii în perioada de separare temporară constă în faptul că aceștia tind să își schimbe viziunea despre despărțirea de partener. Acest lucru se datorează faptului că separarea temporară permite partenerilor alocarea unei perioade suficiente de timp pentru interiorizarea, conștientizarea și asumarea propriilor greșeli, reflectarea asupra problemei și, în ultimă instanță, schimbarea deciziei cu privire la separare.

Cu toate acestea, prin analizarea rezultatelor obținute, studiul de față relevă faptul că problemele și conflictele care au condus cuplul conjugal spre decizia separării temporare tind să reapară la o anumită perioadă de timp după reconciliere. Astfel, efectele imediate ale separării au fost negative de ambele părţi: ameninţarea cu divorţul, stări suplimentare de furie şi reproşuri, mesaje vulgare şi alcoolism, frustrare, neacceptare etc. Conform declaraţiilor partenerilor, starea de separare nu a produs nimic pozitiv, decât detensionare. Aceştia recunosc faptul că starea de frustrare este una inhibată şi nu rezolvată, însă efectul general evidenţiat de către parteneri a fost tocmai ferirea de divorţ. Pentru unii, separarea i-a conştientizat asupra riscurilor disoluţiei. Din acest motiv, partenerii au fost dispuşi să treacă peste toate conflictele şi să îşi continue relaţia, în speranţa că problemele se vor rezolva de la sine şi nu se vor mai reactiva. Aşadar, întrucât partenerii nu apelează la nicio strategie de mediere în vederea soluţionării conflictelor, acestea doar stagnează în perioada se separare temporară, după care ies din nou la suprafaţă după reconcilierea celor doi parteneri, având aceleaşi efecte negative asupra cuplului.

Ultima parte a interviului s-a focusat asupra identificării şi analizării diferenţelor de gen în ceea ce priveşte decizia separării temporare. Analizând rezultatele obţinute în urma interviurilor, se poate constata faptul că există diferenţe în ceea ce priveşte raportarea femeilor, respectiv a bărbaţilor, la sursele de conflict care afectează stabilitatea cuplului conjugal, dar şi diferenţe în ceea ce priveşte modul de manifestare şi reacţiile acestora în faţa conflictului. Principalele dimensiuni folosite în acest sens au fost legate de diferenţele de gen cu privire la decizia separării, percepţia partenerilor asupra sprijinului afectiv acordat de către celălalt şi percepţia faţă de comunicarea cu partenerul în cadrul relaţiei conjugale.

În ceea ce priveşte decizia separării temporare, în toate cazurile analizate femeile au fost cele care au adoptat decizia separării temporare, iar aceasta s-a manifestat, în principal, prin părăsirea domiciliului conjugal. Acest lucru poate fi explicat prin prisma faptul că femeile erau cele care s-au declarat *"depășite de situație"*, fiind în general victime ale violenței domestice, iar părăsirea domiciliului conjugal a fost considerată cea mai accesibilă soluție de eliminare a situației conflictuale. De asemenea, reacția partenerilor a fost în cea mai mare parte a cazurilor una de neacceptare a situației și furie, urmate apoi de inițiativa reconcilierii. Pe de altă parte, bărbații consideră decizia separării și părăsirea domiciului conjugal de către parteneră ca fiind *"o fugă de responsabilitate"*, *"ceva specific feminin"*, care nu reprezintă o modalitate eficientă de rezolvare a problemelor existente în cuplu.

O altă diferențiere între femei și bărbați este cea referitoare la acordarea sprijinului afectiv în interiorul relației conjugale. Persoanele intervievate au evaluat sprijinul afectiv acordat de către partener ca fiind unul redus, în special în situațiile tensionante apărute în relația conjugală, acesta ducând la slăbirea legăturilor dintre parteneri, prin faptul că îngreunează comunicarea și conduce spre pierderea sentimentului de încredere acordat partenerului. În ceea ce privește evaluarea sprijinului afectiv, studiul arată că diferența de gen apare datorită faptului că femeile sunt mai comunicative și mai deschise față de partenerii lor, în timp ce bărbații tind mai degrabă să se interiorizeze. În acest sens, toate respondentele au declarat că sursa conflictului a apărut în această situație din cauza faptului că acestea așteaptă din partea soților același tip de comportament, sub forma spirijinului afectiv reciproc.

Referitor la comunicarea în cuplu, persoanele intervievate au declarat că aceasta reprezintă unul dintre cei mai importanți factori care influențează stabilitatea și coeziunea relației conjugale. Similar acordării sprijinului afectiv, femeile sunt mult mai înclinate spre dezvoltarea unei comunicări eficiente în cuplu, iar lipsa acesteia slăbeşte legăturile conjugale şi conduce spre conflict. Cu toate acestea, datele colectate în urma realizării interviurilor demonstrează fapul că problema comunicării apare mai degrabă ca un efect al apariţiei unor factori de presiune asupra cuplului şi nu ca o cauză a instabilităţii conjugale.

Concluzii

În trecerea de la tradiţionalitate spre modernitate, sistemul funcţional conjugal a cunoscut o perioadă de criză, în sensul că astăzi familia reuşeşte tot mai puţin să îndeplinească la nivel optim aceleaşi funcţii care asigură în mod normal coeziunea şi stabilitatea relaţiei conjugale. Astăzi, funcţiile par a fi redimensionate, prioritizate diferit, unele dintre ele fiind reduse ca seturi de acţiuni, altele anulate complet. Într-o societate puternic axată pe competiţie, relaţiile încep să se individualizeze din ce în ce mai mult, lucru care se resimte puternic şi la nivelul relaţiei conjugale. Acesta este şi motivul pentru care, legislaţia nouă a Codului Civil a simplificat procedurile de divorţ. Relaţiile conjugale se doresc a avea un grad mai mare de libertate, nu doar în imperativele care descriu drepturile partenerilor în mariaj ci şi în însăşi procedura disoluţiei maritale. De asemenea, nu doar legislaţia ci şi societatea a devenit mult mai permisivă, în perioada contemporană constatându-se o evoluţie a separărilor temporare ca încercare de revitalizare conjugală, ca ultimă alternativă la disoluţie.

Restructurarea funcţională la care este supusă familia face ca mariajul să fie privit diferit de la o generaţie la alta. Cu toate acestea, rezultatele cercetărilor actuale arată continuitatea credinţei într-o instituţie a familiei sub forma căsătoriei. Atât cuplurile proaspăt căsătorite, cât şi cele cu o experienţă înaintată în căsnicie au declarat că prin căsătorie au simţit ce înseamnă asumarea responsabilităţilor, precum şi stabilitatea cuplului conjugal. De asemenea, tendinţa tinerilor de a amâna căsătoria nu implică o scădere a interesului faţă de aceasta, ci doar o dorinţă firească de a-şi prelungi şcolaritatea pentru a putea pune bazele unei viitoare cariere.

Astăzi, tinerii îşi construiesc strategii noi de selecţie a partenerului conjugal, aceştia tind să primească din ce în ce mai puţine influenţe din familiile de origine, au o distribuţie clară a rolurilor conjugale, astfel încât decizia maritală devine opţiunea directă şi personală a fiecărui partener, fiind menită să ofere şi să garanteze solidaritatea conjugală şi fericirea.

Chiar şi astăzi, în această crescută diversitate de înţelegere a conjugalităţii, unul dintre factorii cei mai importanţi, atunci când vorbim de stabilitate maritală, este homogamia, mediile culturale, concepţiile de viaţă, nivelul de educaţie, de trai, un grad asemănător de aspiraţii, aceleaşi visuri, ţeluri au impact puternic în ceea ce priveşte funcţionalitatea şi echilibrul relaţional. Primii ani de căsnicie sunt primordiali pentru soţi, constituind o perioadă de risc în care interacţiunea de cuplu şi abilităţile relaţionale nu sunt suficient de bine consolidate. Modalitatea în care se construiesc în primii ani de relaţie le influenţează consistent viitorul conjugal. Orientarea către comunicare, deschiderea către celălalt, disponibilitatea de a accepta diversitatea, dorinţele celuilalt, modalitatea de gestionare a conflictelor contează mult într-o relaţie conjugală.

Astfel, pentru asigurarea echilibrului conjugal şi pentru menţinerea unei atmosfere familiale pozitive este esenţial ca partenerii conjugali să înveţe continuu cum să îşi construiască împreună un cadru solidar şi să menţină coeziunea în cuplu prin găsirea unor soluţii de rezolvare a conflictelor.

Aşadar, provocările contemporaneităţii în ceea ce priveşte viaţa conjugală sunt multiple, iar toate modificările structurale pe care le traversează societatea se resimt în principal asupra modului de funcţionalitate maritală. Astăzi, oportunităţile de interacţiune sunt mult mai bine promovate, ceea ce contribuie la stimularea intercunoaşterii dintre partenerii conjugali. Prin urmare, indivizilor le este mult mai uşor să îşi expună sentimentele, să comunice şi să creeze conexiuni cu diverşi parteneri, pentru că ei ştiu ce îşi doresc, îşi cunosc limitele, înţeleg problemele ceea ce contribuie la asigurarea solidarităţii conjugale.

Revenind asupra factorilor de instabilitate care au determinat adoptarea deciziei separării temporare în cuplul conjugal, putem afirma că sursele conflictului sunt în acest caz multiple şi variate, ele putând fi analizate din perspectiva a două direcţii – interne şi externe.

În primul rând, factorii interni sunt cei care acţionează cel mai puternic în defavoarea stabilităţii cuplului. În acest sens, gradul redus de compatibilitate dintre parteneri, percepţia negativă a celor doi asupra evoluţiei cuplului sau satisfacţia maritală redusă reprezintă unele dintre cele mai puternice şi des întâlnite surse ale conflictului conjugal, care afectează unitatea şi stabilitatea cuplului. Pe lângă acestea, un alt factor intern determinant al conflictului conjugal este reprezentat de comportamentele negative, de tipul geloziei, infidelităţii, alcoolismului sau violenţei domestice. Se pare că acestea joacă cel mai important rol în destrămarea familiei, întrucât reprezintă principalul motiv al deciziei separării temporare în majoritatea cazurilor cuplurilor intervievate.

Între cauzele externe ale instabilităţii conjugale, se remarcă în principal factorul economic. Atunci când funcţia economică a familiei nu este îndeplinită, cel puţin la un nivel optim, se creează o stare de disconfort şi insatisfacţie maritală care determină apariţia conflictului în cadrul cuplului conjugal. Pe lângă factorul economic, socializarea în familia de origine şi relaţiile celor doi parteneri cu socrii reprezintă alte două surse externe importante ale instabilităţii cuplului. Relaţiile disonante cu socrii sunt asociate de cele mai multe ori cu o coabitare intergeneraţională conflictuală, care se manifestă prin imposibilitatea alinierii unor mentalităţilor, date fiind diferența de vârstă și apartenența la medii socio-culturale distincte.

De asemenea, decizia separării temporare, deși a fost văzută de către partenerii conjugali ca fiind o strategie optimă de rezolvare a conflictelor, totuși, analiza situațiilor concrete din astfel de cupluri a arătat faptul că, periodic, cuplul traversează aceleași probleme care au dus la separare. Astfel, separarea temporară este un fals remediu care arată o detensionare pe moment, nu o strategie care să rezolve problemele. De aceea, falsa imagine a separării temporare cu scopul revigorării vieții de cuplu a derivat nu din rezolvarea problemelor respective, ci din detensionarea de moment, pe care partenerii au resimțit-o. Tensiunea acutizată de către parteneri, îi face pe aceștia și mai slăbiți în a putea gestiona conflictele conjugale și, în acest sens, separarea temporară apare ca o strategie bună.

În fine, analizarea diferențelor de gen în ceea ce privește decizia separării temporare a evidențiat faptul că femeile sunt cele care se implică mai mult din punct de vedere afectiv, dar și cele cărora decizia separării temporare le aparține în majoritatea cazurilor. Pe de altă parte, bărbații sunt cei care tind să inițieze discuții și strategii de împăcare, în vederea medierii situațiilor conflictuale apărute în cuplu,fapt care arată mai degrabă o tendință de schimbare a raporturilor de putere în favoarea femeii.

Așadar, se poate afirma încă o dată că familia poate fi considerată un sistem complex în interiorul căreia se conturează mai multe subsisteme - subsistemul lui și subsistemul ei. Dat fiind faptul că acestea funcționează prin existența a două individualități distincte, se produce deseori o separare a celor două subsisteme, în care fiecare dintre parteneri încearcă să își îndeplinească trebuințele individuale proprii, astfel că nevoile cuplului sunt plasate în planul doi. Deși este considerată ca fiind o perioadă benefică relației, întrucât implică resursele necesare de timp și spațiu de care au nevoie cei doi parteneri pentru reîncărcarea afectivă, avantajele separării temporare se manifestă doar în perioada imediat premergătoare reconcilierii, după care vechile surse de conflict se reactivează. Așadar, separarea temporară poate fi considerată doar o iluzie a medierii conjugale, o soluție salvatoare pentru moment, dar în același timp un abandon elegant al relației conjugale armonioase din punct de vedere structural și funcțional.

În concluzie, spațiul conjugal actual se luptă să se „decontamineze" de tradiții, în parcursul său spre modernitate și postmodernitate. Cu toate acestea, tradiția devine și ea o resursă la care niciun partener nu ar fi dispus să renunțe, dacă îi este avantajoasă. Problema cea mai mare a unei astfel de ecuații este că valorile tradiționale nu sunt aceleași. Femeia dorește protecția de tip tradițional a bărbatului dar îi neagă acestuia supunerea. Din sens invers, marele perdant al contemporaneității rămâne bărbatul deoarece, orice formă de modernitate presupune o decontare a avantajelor masculine tradiționale până la reperele echității de rol, de gen și de status.

Bibliografie

Ambert, A.M. (2000). *Families in the New Millennium*. New York, Addison Wesley Longman

Anghel P. (2005). *Strategii eficiente de comunicare*, Cernica, Eita

Apostu, I. (2015). *Căsătoria între stabilitate și disoluție*. Ediția a 2-a. București, Tritonic

Apostu, I. (2016). *Familia românească – evoluție socială și provocări contemporane*. București, Tritonic

Ariès, Duby. (1997). *Istoria vieții private – de la primul război mondial până în zilele noastre*, volumul IX, București, Meridiane

Bacci Massimo Livi,(2003), *Populația în istoria Europei*, Iași: Polirom

Bauman, Z. (2005). *Globalizarea și efectele ei sociale*. București, Antet

Bădescu, I. (2011). *Tratat de sociologie rurală*. București, Mica Valahie

Bădescu, I. (coord.), Dungaciu, D., Baltasiu, R. (1996). *Istoria sociologiei. Teorii contemporane*. București, Eminescu

Băran-Pescaru, A. (2004). *Familia azi. O perspectivă sociopedagogică*. București, Aramis

Béjin, A. (1998). *Căsătoria extraconjugală de astăzi*. În Ariès, P. și Béjin, A. (1998). *Sexualități occidentale*. București, Antet

Binstock, G.; Thornton, A. (2003). Separations, Reconciliation and Living Apart in Cohabiting and Marital Unions. *Journal of Marriage and Family*, 65 (2), pp. 432-443

Bohannan, P. (1970). *Divorce and After. An Analysis of the Emotional and Social Problems of Divorce*

Boswell, J. (1995). *The Marriage of Likeness Same-Sex Unions in Pre-Modern Europe.* London, Fontana

Catton, W.R., Smircich, R.J. (1964). A Comparison of Mathematical Models for the Effect of Residential Propinquity on Mate Selection. *American Sociological Review,* 29 (8), 522-529

Ciupercă C. (2000). *Cuplul modern – armonie şi disoluţie,* Alexandria, Tipoalex

Ciupercă, C. (2001). *Familia între tradiţie şi schimbare,* în „Psihologia", (XI), nr. 1/2001

Costaforu X. (2005). *Cercetarea monografică a familiei: contribuţie metodologică,* Bucureşti, Tritonic

De Singly, F. (1986). L`union libre: un compromis. *Dialogue,* 2 (92), pp.54-65

Ditch, J., Barnes, H., Bradshaw, J. (1996). *A Sythesis of National Family Policies.* U.K., University of York

Dorrzapf, R. (1999). *Satana din nădragi – o istorie a culturii relaţiilor dintre bărbat şi femeie.* Bucureşti, Paideia

Druţă, F. (1998). *Psihosociologia familiei.* Bucureşti, Didactică şi pedagogică

Dubar, C. (2001). *La crise des identités.* Paris, Presses Universitaires de France

Durkheim, É. (1964/2001). *Diviziunea muncii sociale.* Bucureşti, Albatros

Enăchescu C. (2007). *Tratat de psihanaliză şi psihoterapie, Ediţia a III-a,* Iaşi, Polirom

Fromm, E. (2006). *The Art of Loving.* New York, Harper Collins Publishers

Ghebrea G., Matei A., Mitrea G. (1996). *Relaţia cu familia şi generaţia adultă* în Ioan Mărginean, (coord.), 1996, *Tineretul deceniului unu. Provocările anilor '90.* Bucureşti, Expert

Ghinoiu, I. (1999). *Lumea de aici, lumea de dincolo.* Bucureşti, Fundaţiei Culturale Române

Ghiţulescu, C. (2004). *În şalvari şi cu işlic. Biserică, sexualitate, căsătorie şi divorţ în Ţara Românească a secolului al XVIII-lea.* Bucureşti, Humanitas

Giddens A. (1992). *Transformarea intimităţii. Sexualitatea, dragostea şi erotismul în societăţile moderne.* Bucureşti, Antet

Giddens, A. (2000). *The Transformation of Intimacy: Love, Sexuality and Eroticism in Modern Societies.* Cambridge, Polity

Giddens, A. (2001). *Sociologie.* Bucureşti, Bic All

Giddens, A. (2010). *Sociologie. Ediţia a V-a.* Bucureşti, Bic All

Girard, A. (2012). *Le Choix du conjoint. Une enquête psycho-sociologique en France.* Paris, Armand Colin

Glasser, W. (2001). *Counseling with Choice Theory. The New Reality Therapy.* New York, Quill

Goody, J. (1986). *L'évolution de la famille et du mariage en Europe.* Paris, Armand Colin

Gorer, G. (1971). *Sex and Marriage in England Today,* London, Nelson

Hajnal, J. (1965). *European marriage patterns in perspective.* În Glass, D.V. şi Eversley, D.E.C. (coord.) (1965). *Population in History.* Chicago, Aldine Publishing Company

Hall, Stuart (1981). *Notes on Deconstructing the Popular.* in People's History and Socialist Theory. London: Routledge.

Hardyment, C. (2000). *Viitorul familiei.* Bucureşti, Editura Ştiinţifică

Iacob C. A. (2017). *Modificări funcţionale în cuplul marital contemporan,* Lucrare de licenţă, Facultatea de Sociologie şi Asistenţă Socială, Universitatea din Bucureşti, material nepublicat

Iluţ, P. (2000). *Iluzia localismului şi localizarea iluziei. Teme actuale de psihosociologie.* Iaşi, Polirom

Iluţ, P. (2005). *Dragoste, familie şi fericire: spre o sociologie a seninătăţii*. Iaşi, Polirom

Iluţ, P. (2005). *Sociopsihologia şi antropologia familiei*. Iaşi, Polirom

Iordache M. A. (2017). *Decizia separării temporare – remediu pentru medierea conjugală ?*. Lucrare de licenţă, Facultatea de Sociologie şi Asistenţă Socială, Universitatea din Bucureşti, material nepublicat

Ivireanul, A. (1996). *Opere. Didahii*. Bucureşti, Minerva

Kaufmann, J.C. (1992). *La trame conjugale. Analyse du couple par son linge*. Paris, Nathan Lewis, J. (2001). *End of Marriage: Individualism and Intimate Relations*. Cheltenham, E.Elgar

Larionescu M., Marginean I., Neagu G. (2007), *Constituirea clasei mijlocii în România*. Bucureşti, Economică

Macklin, E. (1987). *Nontraditional family forms*. În Sussman, M. şi Steinmetz, S. (coord.) (1987). *Handbook of Marriage and the Family*. New York, Plenum Press

Marica G. (2004). *Satul ca structură psihică şi socială: curs de sociologie rurală*. Cluj Napoca, Argonaut

Mehedinţi S. (1986). *Civilizaţie şi cultură*. Iaşi, Junimea

Mertens W. (2004). *Introducere în terapia psihanalitică*, vol. 2, Bucureşti, Trei

Mihăilescu, I. (1999). *Familia în societăţile europene*. Bucureşti, Universităţii

Milcu, M. (2005). *Psihologia relaţiilor interpersonale: competiţie şi conflict, abordare dinamică, un model experimental*. Iaşi, Polirom.

Minuchin S. (1974). *Families end family therap*. London, Harvard University Press

Mitrofan I. (1999). *Schimbări şi tendinţe în structura şi funcţiile familiei din ţara noastră*, în "Revista Română de Sociologie", (X), nr. 5-6/1999, Bucureşti, Academiei Române

Mitrofan I., Mitrofan N. (1996). *Elemente de psihologia cuplului*. Bucureşti, Casa de editură şi presă „Şansa"

Mitrofan I., Nuţă A. (2005). *Consilierea psihologică. Cine, ce şi cum?*. Bucureşti, Sper

Mitrofan I., Vasile D. (2001), *Terapii de familie*. Bucureşti, Sper

Mitrofan, I. (1989). *Cuplul conjugal. Armonie şi dizarmonie*. Bucureşti, Ştiinţifică şi Enciclopedică

Mitrofan, I., (2008), *Psihoterapie: repereteoretice, metodologice şi aplicative*, Bucureşti.Editura SPER

Mitrofan, I., Ciupercă, C. (1989). *Cuplul conjugal. Armonie şi dizarmonie*. Bucureşti, Ştiinţifică şi Enciclopedică

Mitrofan, I., Ciupercă, C. (1998). *Incursiune în psihologia şi psihosexologia familiei*. Bucureşti, Press Mihaela S.R.L.

Mitrofan, I.; Ciupercă, C. (2002). *Psihologia şi terapia cuplului*. Bucureşti, Sper

Mitrofan, I.; Ciupercă, C. (2002). *Psihologia vieţii de cuplu*. Bucureşti, Sper

Mitrofan, I.; Mitrofan, N. (1991). *Familia de la A ... la Z. Mic dicţionar al vieţii de familie*. Bucureşti, Ştiinţifică

Moreau A. (2007). *Psihoterapiile. Metode şi tehnici*. Bucureşti, Trei

Nichols P., Schwartz C. (2005). *Terapia de familie. Concepţii şi metode*, Ediţia a şasea, Bucureşti, Asociaţia de terapie familială

Niel M. (1974). *Drama elibetării femeii*. Bucureşti, Politică

Nuţă A. (1999). *Inter-Realitatea. Psihoterapie şi spectacol dramatic*. Bucureşti, Sper

Popescu, R. (2009). *Introducere în sociologia familiei. Familia românească în societatea contemporană*. Iaşi, Polirom

Rahim, A.; Blum, A. (1994). *Global perspectives on organizational conflict*. Westport, Praeger Publishers

Roussel, L. (1983). *La famille incertaine*. Paris, Odile Jacob

Segalen, M. (2011). *Sociologia familiei*. Iaşi, Polirom

Shaffer, P. (2005). *Conflict Resolution for Couples*. S.U.A., AuthorHouse

Smalley, G. (2005). *Când unu plus unu fac noi*. Bucureşti, Editura Curtea Veche

Stănciulescu E. (2002). *Sociologia educaţiei familiale,* Vol. I-II, Iaşi, Polirom

Stănescu M. (2003). *Introducere în consilierea psihologică.* Bucureşti, Sper

Stoica-Constantin, A. (2004). *Conflictul interpersonal: prevenire, rezolvare şi diminuarea efectelor.* Iaşi, Polirom

Strong, B., DeVault, C. şi Sayad, B. (1998). *The Marriage and the Family Experience: Intimate Relationships in a Changing Society.* Belmont, Wadsworth Publishing Company

Sweeney, P. (2007). Tales from the meeting of two worlds. *Context,* 89, pp. 25-28

Thatcher, A. (1996). *Christian Perspectives on Sexuality and Gender.*UK, Gracewing Publishing

Thibaut, J.; Kelley, H. (1959). *The Social Psychology of Groups.* London, Transaction Publishers

Tihan, E; Tihan, L. (2004). *Căsătoria versus divorţ. Ghid de analiză.* Bucureşti, Opinfo

Toffler A. (1996). *Al treilea val.* Bucureşti, Antet

Vaughan, D. (1986). *Uncoupling. Turning Points in Intimate Relationships.* New York, Oxford Uniersity Press

Veyne, P. (1984). Les noces du couple romain. *L'Histoire,* 63, 47-51

Vlăsceanu, L. (2008). *Introducere în metodologia cercetării sociologice.* Iaşi, Polirom

Voinea M. (1978). *Familia şi evoluţia sa istorică.* Bucureşti, Ştiinţifică şi Enciclopedică

Voinea, M. (1993). *Sociologia familiei.* Bucureşti, Universităţii din Bucureşti

Voinea, M. (2005). *Familia contemporană. Mică enciclopedie.* Bucureşti, Focus

Voinea, M. (2008). *Realităţi şi perspective în studiul familiei.* Piteşti, Universităţii din Piteşti

Waite, L.J. şi Gallagher, M. (2000). *The Case for Marriage. Why married peoople are happier, healthier, and better off financially.* New York, Random House

Widlöcher D. Braconnier A. (2006). *Psihanaliză şi psihoterapii. Psihopatologie, scopuri, tehnici.* Bucureşti, Trei

Wilkinson, H. (2000). *Family Business.* London, Demos

Wineberg, H. (1994). Mariatal Reconciliation in the United-States: Which Couples are Succesful? *Journal of Marriage and the Family,* 56, pp. 80-88

Witte, J. Jr. (1997). *From Sacrament to Contract: Marriage, Religion and Low in the Western Tradition.* Louisville, Westminster John Knox Press

Zamfir, C.; Vlăsceanu, L. (1993). *Dicţionar de sociologie.* Bucureşti, Babel

Zamfir, E. (1997). *Psihologie socială. Texte alese.* Iaşi, Ankarom

Zonabend, F. (1997). *A History of the Family.* Cambridge, Belknap Press of Harvard

*** *Codul de Procedură Civilă.* (2012). Bucureşti, Universul Juridic

*** *Codul Penal Român.* (2008). Bucureşti, Nomina Lex

*** Viaţa de familie – raport preliminar (2008)

*** Viaţa în cuplu (2007)

Printed in EU

LUMEN
în elita editurilor românești

Str. Tepes Voda, nr. 2, bl. V1, sc. F, et. 3, ap. 2, Iaşi, România
www.edituralumen.ro | www.librariavirtuala.com

www.ingramcontent.com/pod-product-compliance
Lightning Source LLC
Chambersburg PA
CBHW032110280326
41933CB00009B/773